BOOKS RELATING TO JOHN STUART MILL

THOEMMES
REPRINTS

LE POSITIVISME ANGLAIS
ÉTUDE SUR
STUART MILL

Hippolyte Taine

THOEMMES
BRISTOL

Published by
Thoemmes Antiquarian Books Ltd
85 Park Street
Bristol BS1 5PJ

ISBN 1 85506 047 7

This is a reprint of the 1864 Edition

Publisher's Note

These reprints are taken from original copies of each book. In many cases the condition of those originals are not perfect, pages having suffered from such things as inconsistent printing pressures, show-through from one side of a leaf to the other, the filiing in of some letters and characters, unstable, often handmade, paper and the break up of type. The publisher has gone to great lengths to ensure the quality of these reprints but points out that certain characteristics of the original copies will, of necessity, be apparent in reprints thereof.

LE

POSITIVISME ANGLAIS

LE POSITIVISME ANGLAIS

ÉTUDE SUR STUART MILL

PAR

H. TAINE

PARIS

GERMER BAILLIÈRE, LIBRAIRE-ÉDITEUR

Rue de l'Ecole-de-Médecine, 17.

Londres Hipp. Baillière, 219, Regent street. | **New-York** Baillière brothers, 440, Broadway.

MADRID. C. BAILLY-BAILLIÈRE, PLAZA DEL PRINCIPE ALFONSO, 16.

1864

PRÉFACE

Lorsque cette étude parut pour la première fois, M. Stuart Mill me fit l'honneur de m'écrire « qu'on ne pouvait donner en peu de » pages une idée plus exacte et plus complète » du contenu de son livre, comme corps de » doctrine philosophique. Seulement, ajou» tait-il, je crois que vous vous trompez en » regardant ce point de vue comme particu-

» lièrement anglais. Il le fut dans la première » moitié du XVIIIe siècle, à partir de Locke, et » jusqu'à la réaction contre Hume. Cette réac- » tion, commencée en Écosse, a revêtu depuis » longtemps la forme germanique, et a fini par » tout envahir. Quand j'ai écrit mon livre, » j'étais à peu près seul de mon opinion, et, » bien que ma manière de voir ait trouvé un » degré de sympathie auquel je ne m'attendais » nullement, on compte encore en Angleterre » vingt philosophes à priori et spiritualistes » contre chaque partisan de la doctrine de » l'Expérience. »

Cette remarque est fort juste; moi-même j'avais pu la faire, ayant été élevé dans la philosophie écossaise et parmi les livres de Reid. Ma seule réponse est qu'il y a des philosophes qui ne comptent pas, et que tous ceux-là, Anglais ou non, spiritualistes ou non, on peut les négliger sans grand dommage. Tous les demi-siècles, et plus ordinairement tous les siècles ou tous les deux siècles, paraît un homme qui *pense :* Bacon et Hume en Angleterre, Descartes et Condillac en France, Kant et Hegel en Allemagne; le reste du temps la scène reste vide, et des hommes ordinaires viennent la remplir, offrant au public ce que le public désire, sensualistes ou idéalistes, selon la direction du temps, suffisamment instruits et habiles pour tenir le premier rôle, capables de rajeunir les vieux airs, exercés dans le répertoire, mais dépourvus de l'invention véritable, simples exécutants qui succèdent aux compositeurs. En ce moment, la scène est vide en Europe. Les Allemands transcrivent ou transposent le vieux matérialisme français; les Français, par habitude et dans une demi-somnolence, écoutent avec un air un peu ennuyé et distrait les morceaux de bravoure, les belles phrases éloquentes que l'enseignement public leur répète depuis trente ans. Dans ce grand silence, et parmi ces comparses monotones, voici un maître qui s'avance et qui parle. On n'a rien vu de semblable depuis Hegel.

Janvier 1864.

ÉTUDE

SUR STUART MILL

I

J'étais à Oxford l'an dernier, pendant les séances de la *British Association for the advancement of learning*, et j'y avais trouvé, parmi les rares étudiants qui restaient encore, un jeune Anglais, homme d'esprit, avec qui j'avais mon franc-parler. Il me conduisait le soir au nouveau muséum, tout peuplé de spécimens : on y professe de petits cours, on met en jeu des instruments nouveaux; les dames y assistent et s'intéressent aux expériences; le dernier jour, pleines d'enthousiasme, elles chantèrent *God save the Queen*. J'admirais ce zèle, cette solidité d'esprit, cette organisation de la science, ces souscriptions volontaires, cette aptitude à l'association et au travail, cette grande machine poussée par tant de bras, et si bien construite pour accumuler, contrôler et classer les faits. Et pourtant dans cette abondance il y a,ait un vide : quand je lisais les comptes rendus, je croyais assister à un congrès de chefs d'usines; tous ces savants vérifiaient des détails et échangeaient des recettes. Il me semblait entendre des contremaîtres occupés à se communiquer leurs procédés pour le tannage du cuir ou la teinture du coton : les idées générales étaient absentes. Je m'en plaignais à mon ami, et le soir, sous sa lampe, dans ce grand silence qui enveloppe là-bas une ville universitaire, nous en cherchions tous deux les raisons.

II

Un jour, je lui dis : — La philosophie vous manque, j'entends celle que les Allemands appellent métaphysique. Vous avez des savants, vous n'avez pas de penseurs. Votre Dieu vous gêne ; il est la cause suprême, et vous n'osez raisonner sur les causes par respect pour lui. Il est le personnage le plus important de l'Angleterre, je le sais, et je vois bien qu'il le mérite ; car il fait partie de la constitution, il est le gardien de la morale, il juge en dernier ressort dans toutes les questions, il remplace avec avantage les préfets et les gendarmes dont les peuples du continent sont encore encombrés. Néanmoins ce haut rang a l'inconvénient de toutes les positions officielles ; il produit un jargon, des préjugés, une intolérance et des courtisans. Voici tout près de nous le pauvre M. Max Müller qui, pour acclimater ici les études sanscrites, a été forcé de découvrir dans les Védas l'adoration d'un dieu moral, c'est-à-dire la religion de Paley et d'Addison. Il y a quinze jours, à Londres, je lisais une proclamation de la reine qui défend aux gens de jouer aux cartes, même chez eux, le dimanche. Il paraît que, si j'étais volé, je ne pourrais appeler mon voleur en justice sans prêter le serment théologique préalable ; sinon, on a vu le juge renvoyer le plaignant, lui refuser justice et l'injurier par-dessus le marché. Chaque année, quand nous lisons dans vos journaux le discours de la couronne, nous y trouvons la mention obligée de la divine Providence ; cette mention arrive mécaniquement, comme l'apostrophe aux dieux immortels à la quatrième page d'un discours de rhétorique, et vous savez qu'un jour la période pieuse ayant été omise, on fit tout exprès une seconde communication au parlement pour l'insérer. Toutes ces tracasseries et toutes ces pédanteries indiquent à mon gré une monarchie céleste ; naturellement celle-ci ressemble à toutes les autres : je veux dire qu'elle s'appuie plus volontiers sur la tradition et sur l'habitude que sur l'examen et la raison. Jamais monarchie n'invita les gens à vérifier ses titres. Comme d'ailleurs la vôtre est utile, voulue et morale, elle ne vous révolte pas ; vous lui restez soumis sans difficulté, vous lui êtes attachés de cœur ; vous craindriez, en la touchant, d'ébranler la constitution et la morale. Vous la laissez au plus haut des cieux parmi les hommages publics ; vous vous repliez, vous vous réduisez aux questions de fait, aux dissections menues, aux opérations de laboratoire. Vous allez cueillir des plantes et ramasser des coquilles. La science se trouve décapitée ; mais tout est pour le mieux, car la vie pratique s'améliore, et le dogme reste intact.

III

— Vous êtes bien Français, me dit-il ; vous enjambez les faits, et vous voilà de prime saut installé dans une théorie. Sachez qu'il y a chez nous des penseurs, et pas bien loin d'ici, à Christ-Church par exemple. L'un d'eux, professeur de grec, a parlé si profondément de l'inspiration, de la création et des causes finales, qu'on l'a disgracié. Regardez ce petit recueil tout nouveau, *Essays and Reviews ;* vos libertés philosophiques du dernier siècle, les conclusions récentes de la géologie et de la cosmogonie, les hardiesses de l'exégèse allemande y sont en raccourci. Plusieurs choses y manquent, entre autres les polissonneries de Voltaire, le jargon nébuleux d'outre-Rhin et la grossièreté prosaïque de M. Comte; à mon gré, la perte est petite. Attendez vingt ans, vous trouverez à Londres les idées de Paris et de Berlin. — Mais ce seront les idées de Paris et de Berlin. Qu'avez-vous d'original? — Stuart Mill. — Qu'est-ce que Stuart Mill? — Un politique. Son petit écrit *On liberty* est aussi bon que le *Contrat social* de votre Rousseau est mauvais. — C'est beaucoup dire. — Non, car Mill conclut aussi fortement à l'indépendance de l'individu que Rousseau au despotisme de l'État. — Soit, mais il n'y a pas là de quoi faire un philosophe. Qu'est-ce encore que votre Stuart Mill? — Un économiste qui va au delà de sa science et qui subordonne la production à l'homme, au lieu de subordonner l'homme à la production. — Soit, mais il n'y a pas là non plus de quoi faire un philosophe. Y a-t-il encore autre chose dans votre Stuart Mill? — Un logicien. — Bien; mais de quelle école? — De la sienne. Je vous ai dit qu'il est original. — Est-il hégélien ? — Oh ! pas du tout ; il aime trop les faits et les preuves. — Suit-il Port-Royal ? — Encore moins ; il sait trop bien les sciences modernes. — Imite-t-il Condillac ? — Non certes ; Condillac n'enseigne qu'à bien écrire. — Alors quels sont ses amis ? — Locke et M. Comte au premier rang, ensuite Hume et Newton. — Est-ce un systématique, un réformateur spéculatif ? — Il a trop d'esprit pour cela : il ne fait qu'ordonner les meilleures théories et expliquer les meilleures pratiques. Il ne se pose pas majestueusement en restaurateur de la science ; il ne déclare pas, comme vos Allemands, que son livre va ouvrir une nouvelle ère au genre humain. Il marche pas à pas, un peu lentement, et souvent terre à terre, à travers une multitude d'exemples. Il excelle à préciser une idée, à démêler un principe, à le retrouver sous une foule de cas différents, à réfuter, à distinguer, à argumenter. Il a la finesse, la patience, la méthode et la sagacité d'un légiste. — Très-bien, voilà que vous me donnez raison d'avance : légiste, parent de Locke, de Newton, de Comte et de Hume, nous n'avons là que de la philosophie anglaise; mais il n'importe. A-t-il atteint une grande conception d'ensemble? — Oui. — A-t-il une idée personnelle et complète de la nature et de l'esprit ? — Oui. — A-t-il rassemblé les opérations et les découvertes de l'intelligence sous un principe unique qui leur donne à toutes un tour nouveau? — Oui; seulement il faut démêler ce principe. — C'est votre affaire, et j'espère bien que vous allez vous en charger. — Mais je vais tomber dans les abstractions. — Il n'y a pas de mal. — Mais tout ce raisonnement serré sera comme une haie d'épines. — Nous nous piquerons les doigts. — Mais les trois quarts des gens jetteraient là ces spéculations comme oiseuses. — Tant pis pour eux. Pourquoi vit une nation ou un siècle, sinon pour les former? On n'est complétement homme que par là. Si quelque habitant d'une autre planète descendait ici pour nous demander où en est notre espèce, il faudrait lui montrer les cinq ou six grandes idées que nous avons sur l'esprit et le monde. Cela seul lui donnerait la mesure de notre intelligence. Exposez-moi votre théorie ; je m'en retournerai plus instruit qu'après avoir vu les tas de briques que vous appelez Londres et Manchester.

---

§ I.

L'EXPÉRIENCE

I

Alors, nous allons prendre les choses en logiciens, par le commencement. Stuart Mill a écrit une logique. Qu'est-ce que la logique? C'est une science. Quel est son objet? Ce sont les sciences : car supposez que vous ayez parcouru l'univers et que vous le connaissiez tout entier, astres, terre, soleil, chaleur, pesanteur, affinités, espèces minérales, révolutions géologiques, plantes, animaux, événements humains, et tout ce qu'expliquent ou embrassent les classifications et les théories; il vous restera encore à connaître ces classifications et ces théories. Non-seulement il y a l'ordre des êtres, mais il y a encore l'ordre des pensées qui les représentent; non-seulement il y a des plantes et des animaux, mais encore il y a une botanique et une zoologie; non-seulement il y a des lignes, des surfaces, des volumes et des nombres, mais encore il y a une géométrie et une arithmétique. Les sciences sont donc des choses réelles comme les faits eux-mêmes : elles peuvent donc être, comme les faits, un sujet d'étude. On peut les analyser comme on analyse les faits, rechercher leurs éléments, leur composition, leur ordre, leurs rapports et leur fin. Il y a donc une science des sciences : c'est cette science qu'on appelle logique, et qui est l'objet du livre de Stuart Mill. On n'y décompose point les opérations de l'esprit en elles-mêmes, la mémoire, l'association des idées, la perception extérieure : ceci est une affaire de psychologie. On n'y discute pas la valeur de ces opérations, la véracité de notre intelligence, la certitude absolue de nos connaissances élémentaires; ceci est une affaire de métaphysique. On y suppose nos facultés en exercice, et l'on y admet leurs découvertes originelles. On prend l'instrument tel que la nature nous le fournit, et l'on se fie à son exactitude. On laisse à d'autres le soin de démonter son mécanisme et la curiosité de contrôler ses résultats. On part de ses opérations primitives; on recherche comment elles s'ajoutent les unes aux autres, comment elles se combinent les unes avec les autres, comment elles se transforment les unes les autres; comment, à force d'additions, de combinaisons et de transformations, elles finissent par composer un système de vérités liées et croissantes. On fait la théorie de la science comme d'autres font la théorie de la végétation, de l'esprit, des nombres. Voilà l'idée de la logique, et il est clair qu'elle a, au même titre que les autres sciences, sa matière réelle, son domaine distinct, son importance visible, sa méthode propre et son avenir certain.

II

Ceci posé, remarquez que toutes ces sciences, objet de la logique, ne sont que des amas de *propositions*, et que toute proposition ne fait que lier ou séparer un sujet et un attribut, c'est-à-dire un nom et un autre nom, une qualité et une substance, c'est-à-dire une chose et une autre chose. Cherchons donc ce que nous entendons par une chose, ce que nous désignons par un nom; en d'autres termes, ce que nous connaissons dans les objets, ce que nous lions et séparons, ce qui est la matière de toutes nos propositions et de toutes nos sciences. Il y a un point par lequel se ressemblent toutes nos connaissances. Il y a un élément commun qui, perpétuellement répété, compose toutes nos idées. Il y a un petit cristal primitif qui, indéfiniment et diversement ajouté à lui-même, engendre la masse totale, et qui, une fois connu, nous enseigne d'avance les lois et la composition des corps complexes qu'il a formés.

Or, quand nous regardons attentivement l'idée que nous nous faisons d'une chose, qu'y trouvons-nous? Prenez d'abord les substances, c'est-à-dire les corps et les esprits (1).

(1) It is certain, then, that a part of our notion of a body consists of the notion of a number of sensations of our own, or of other sentient beings, habitually occuring simultaneously. My conception of the table at which I am writing is compounded of its visible form and size, which are complex sensations of sight; its tangible form and size, which are complex sensations of our organs of touch and of our muscles; its weight, which is also a sensation of touch and of the muscles; its colour, which is a sensation of sight; its hardness, which is a sensation of the muscles; its composition, which is another word for all the varieties of sensa-

Cette table est brune, longue, large et haute de trois pieds à l'œil : cela signifie qu'elle fait une petite tache dans le champ de la vision, en d'autres termes qu'elle produit une certaine sensation dans le nerf optique. Elle pèse dix livres : cela signifie qu'il faudra pour la soulever un effort moindre que pour un poids de onze livres, et plus grand que pour un poids de neuf livres, en d'autres termes qu'elle produit une certaine sensation musculaire. Elle est dure et carrée : cela signifie encore qu'étant poussée, puis parcourue par la main, elle y suscitera deux espèces distinctes de sensations musculaires. Et ainsi de suite. Quand j'examine de

tion which we receive under various circumstances from the wood of which it is made; and so forth. All or most of these various sensations frequently are, and, as we learn by experience, always might be experienced simultaneously, or in many different orders of succession, at our own choice : and hence the thought of any one of them makes us think of the others, and the whole becomes mentally amalgamated into one mixed state of consciousness, which, in the language of the school of Locke and Hartley, is termed a complex Idea.

près ce que je sais d'elle, je trouve que je ne sais rien d'autre que les impressions qu'elle fait sur moi. Notre idée d'un corps ne comprend pas autre chose : nous ne connaissons de lui que les sensations qu'il excite en nous ; nous le déterminons par l'espèce, le nombre et l'ordre de ces sensations ; nous ne savons rien de sa nature intime, ou s'il en a une ; nous affirmons simplement qu'il est la cause inconnue de ces sensations. Quand nous disons qu'en l'absence de nos sensations il a duré, nous voulons dire simplement que si, pendant ce temps-là, nous nous étions trouvés à sa portée, nous aurions eu les sensations que nous n'avons pas eues. Nous ne le définissons jamais que par nos impressions présentes ou passées, futures ou possibles, complexes ou simples. Cela est si vrai, que des philosophes comme Berkeley ont soutenu avec vraisemblance que la matière est un être imaginaire, et que tout l'univers sensible se réduit à un ordre de sensations. A tout le moins, il est tel pour notre connaissance, et les jugements qui composent nos sciences ne portent que sur les impressions par lesquelles il se manifeste à nous.

Il en est de même pour l'esprit. Nous pouvons bien admettre qu'il y a en nous une âme, un moi, un sujet ou « récipient » des sensations et de nos autres façons d'être, distinct de ces sensations et de nos autres façons d'être; mais nous n'en connaissons rien. « Tout ce que nous apercevons en nous-mêmes, dit Mill (1),

(1) For, as our conception of a body is that of an unknown exciting cause of sensations, so our conception of a mind is that of an unknown recipient, or percipient, of them; and not of them alone, but of all our other feelings. As body is the mysterious something which excites the mind to feel, so mind is the mysterious something which feels and thinks. It is unnecessary to give in the case of mind, as we gave in the case of matter, a particular statement of the sceptical system by which its existence as a Thing in itself, distinct from the series of what are denominated its states, is called in question. But it is necessary to remark, that on the inmost nature of the thinking principle, as well as on the inmost nature of matter, we are, and with our faculties must always remain entirely in the dark. All which we are aware of, even in our own minds, is (in the words of Mr. Mill) a certain " thread of consciousness " ; a series

c'est une certaine trame d'états intérieurs, une série d'impressions (1), sensations, pensées, émotions et volontés. » Nous n'avons pas plus d'idée de l'esprit que de la matière; nous ne pouvons rien dire de plus sur lui que sur la matière. Ainsi les substances, quelles qu'elles soient, corps ou esprit, en nous ou hors de nous, ne sont jamais pour nous que des tissus plus ou moins compliqués, plus ou moins réguliers, dont nos impressions ou manières d'être forment tous les fils.

Et cela est encore bien plus visible pour les attributs que pour les substances. Quand je dis que la neige est blanche, je veux dire par là que, lorsque la neige est présente à ma vue, j'ai la sensation de blancheur. Quand je dis que le feu est chaud, je veux dire par là que, lorsque le feu est à portée de mon corps, j'ai la sensation de chaleur. « Quand nous disons d'un esprit qu'il est dévot ou superstitieux, ou méditatif, ou

of feelings, that is, of sensations, thoughts, emotions, and volitions, more or less numerous and complicated.

(1) " Feelings, states of consciousness. "

gai, nous voulons dire simplement que les idées, les émotions, les volontés désignées par ces mots reviennent fréquemment dans la série de ses manières d'être (1). » Quand nous disons que les corps sont pesants, divisibles, mobiles, nous voulons dire simplement qu'abandonnés à eux-mêmes, ils tomberont ; que, tranchés, ils se sépareront ; que, poussés, ils se mettront en mou-

(1) Every attribute of a mind consists either in being itself affected in a certain way, or affecting other minds in a certain way. Considered in itself, we can predicate nothing of it but the series of its own feelings. When we say of any mind, that it is devout, or superstitions, or meditative, or cheerful, we mean that the ideas, emotions, or volitions implied in those words, form a frequently recurring part of the series of feelings, or states of consciousness, which fill up the sentient existence of that mind.

In addition, however, to those attributes of a mind which are grounded on its own states of feeling, attributes may also be ascribed to it, in the same manner as to a body, grounded on the feelings which it excites in other minds. A mind does not, indeed, like a body, excite sensations, but it may excite thoughts or emotions. The most important example of attributes ascribed on this ground, is the employment of terms expressive of approbation of blame.

vement; c'est-à-dire qu'en telle et telle circonstance ils produiront telle ou telle sensation sur nos muscles ou sur notre vue. Toujours un attribut désigne une de nos manières d'être ou une série de nos manières d'être. En vain nous les déguisons en les groupant, en les cachant sous des mots abstraits, en les divisant, en les transformant de telle sorte que souvent nous avons

When, for example, we say of any character, or (in other words) of any mind, that it is admirable, we mean that the contemplation of it excites the sentiment of admiration; and indeed somewhat more, for the word implies that we not only feel admiration, but approve that sentiment in ourselves. In some cases, under the semblance of a single attribute, two are really predicated: one of them, a state of the mind itself, the other, a state with which other minds are affected by thinking of it. As when we say of any one that he is generous, the word generosity expresses a certain state of mind, but being a term of praise, it also expresses that this state of mind excites in us another mental state, called approbation. The assertion made, therefore, is twofold, and of the following purport: Certain feelings form habitually a part of this person's sentient existence; and the idea of those feelings of his excites the sentiment of approbation in ourselves or others.

peine à les reconnaître : toutes les fois que nous regardons au fond de nos mots et de nos idées, nous les y trouvons, et nous n'y trouvons pas autre chose. « Décomposez, dit Mill, une proposition abstraite ; par exemple : Une personne généreuse est digne d'honneur (1). — Le mot *généreux* désigne certains états habituels d'esprit et certaines particularités habituelles de conduite, c'est-à-dire des manières d'être intérieures et des faits extérieurs sensibles. Le mot *honneur* exprime un sentiment d'approbation et d'admiration suivi à l'occasion par les actes extérieurs

(1) Take the following example : A generous person is worthy of honour. Who would expect to recognize here a case of coexistence between phenomena ? But so it is. The attribute which causes a person to be termed generous, is ascribed to him on the ground of states of his mind, and particulars of his conduct : both are phenomena ; the former are facts of internal consciousness, the latter, so far as distinct from the former, are physical facts, or perceptions of the senses. Worthy of honour, admits a similar analysis. Honour, as here used, means a state of approving and admiring emotion, followed on occasion by corresponding outward acts. " Worthy of honour " connotes all this,

correspondants. Le mot *digne* indique que nous approuvons l'action d'honorer. Toutes ces choses sont des phénomènes ou états d'esprit suivis ou accompagnés de faits sensibles. » Ainsi nous avons beau nous tourner de tous côtés, nous restons dans le même cercle. Que l'objet soit un attribut ou une substance, qu'il soit complexe ou abstrait, composé ou simple, son étoffe pour nous est la même : nous n'y mettons que nos manières d'être. Notre esprit est dans la nature comme un thermomètre est dans une chaudière : nous définissons les propriétés de la nature par les impressions de notre esprit,

together with our approval of the act of showing honour. All these are phenomena, states of internal consciousness, accompanied or followed by physical facts. When we say, A generous person is worthy of honour, we affirm coexistence between the two complicated phenomena connoted by the two terms respectively. We affirm, that wherever and whenever the inward feelings and outward facts implied in the word generosity have place, then and there the existence and manifestation of an inward feeling, honour, would be followed in our minds by another inward feeling, approval.

comme nous désignons les états de la chaudière par les variations du thermomètre. Nous ne savons de l'un et de l'autre que des états et des changements ; nous ne composons l'un et l'autre que de données isolées et transitoires : une chose n'est pour nous qu'un amas de phénomènes. Ce sont là les seuls éléments de notre science : partant, tout l'effort de notre science sera d'ajouter des faits l'un à l'autre, ou de lier un fait à un fait.

III

Cette petite phrase est l'abrégé de tout le système ; pénétrez-vous en. Elle explique toutes les théories de Mill. C'est à ce point de vue qu'il a tout défini. C'est d'après ce point de vue qu'il a partout innové. Il n'a reconnu dans toutes les formes et à tous les degrés de la connaissance que la connaissance des faits et de leurs rapports.

Or, vous savez que la logique a deux pierres angulaires, la théorie de la *définition* et la théorie de la *preuve*. Depuis Aristote, les logiciens ont passé leur temps à les polir. On n'osait y toucher que respectueusement. Elles étaient saintes. Tout au plus, de temps en temps, quelque novateur osait les retourner avec précaution pour les mettre en un meilleur jour. Mill les taille, les tranche, les renverse et les remplace toutes les deux, de la même manière et du même effort.

IV

Je sais bien qu'aujourd'hui on se moque des gens qui raisonnent sur la définition; j'espère pour vous que vous ne commettez pas cette sottise. Il n'y a pas de théorie plus féconde en conséquences universelles et capitales; elle est la racine par laquelle tout l'arbre de la science humaine végète et se soutient. Car définir les choses, c'est marquer leur nature. Apporter une idée neuve de la définition, c'est apporter une idée neuve de la nature des choses; c'est dire ce que sont les êtres, de quoi ils se composent, en quels éléments ils se réduisent. Voilà le mérite de ces spéculations si sèches; le philosophe a l'air d'aligner des formules; la vérité est qu'il y renferme l'univers.

Prenez, disent les logiciens, un animal, une plante, un sentiment, une figure de géométrie, un objet ou un groupe d'objets quelconques. Sans doute l'objet a ses propriétés, mais il a aussi son essence. Il se manifeste au dehors par une multitude indéfinie d'effets et de qualités, mais toutes ces manières d'être sont les suites ou les œuvres de sa nature intime. Il y a en lui un certain fonds caché, seul primitif, seul important, sans lequel il ne peut ni exister ni être conçu, et qui constitue son être et sa notion(1). Ils appellent définitions les propositions qui la désignent, et décident que le meilleur de notre science consiste en ces sortes de propositions.

(1) Selon les logiciens idéalistes, on démêle cet être en consultant cette notion, et l'idée décomposée met l'essence à nu. Selon les logiciens classificateurs, on atteint cet être en logeant l'objet dans son groupe, et l'on définit cette notion en nommant le genre voisin et la différence propre. Les uns et les autres s'accordent à croire que nous pouvons saisir l'essence.

Au contraire, dit Mill, ces sortes de propositions n'apprennent rien ; elles enseignent le sens d'un mot, et sont purement verbales (1). Qu'est-ce que j'apprends quand vous me dites que l'homme est un animal raisonnable, ou que le triangle est un espace compris entre trois lignes ? La première partie de votre phrase m'exprime par un mot abréviatif ce que la seconde partie m'exprime par une locution développée. Vous me dites deux fois la même chose ; vous mettez le même fait sous deux termes différents : vous n'ajoutez pas un fait à un fait, vous allez du même au même. Votre proposition n'est pas instructive. Vous pourriez en amasser un million

(1) An essential proposition, then, is one which is purely verbal ; which asserts of a thing under a particular name only what is asserted of it in the fact of calling it by that name ; and which therefore either gives no information, or gives it respecting the name, not the thing. Non-essential, or accidental propositions, on the contrary, may be called Real Propositions, in opposition to Verbal. They predicate of a thing some fact not involved in the signification of the name by which the proposition speaks of it ; some attribute not connoted by that name.

de semblables, mon esprit resterait aussi vide; j'aurais lu un dictionnaire, je n'aurais pas acquis une connaissance. Au lieu de dire que les propositions qui concernent l'essence sont importantes, et que les propositions qui concernent les qualités sont accessoires, il faut dire que les propositions qui concernent l'essence sont accessoires, et que les propositions qui concernent les qualités sont importantes. Je n'apprends rien quand on me dit qu'un cercle est la figure formée par la révolution d'une droite autour d'un de ses points pris comme centre; j'apprends quelque chose lorsqu'on me dit que les cordes qui sous-tendent dans le cercle des arcs égaux sont égales, ou que trois points suffisent pour déterminer la circonférence. Ce qu'on appelle la nature d'un être est le réseau des faits qui constituent cet être. La nature d'un mammifère carnassier consiste en ce que la propriété d'allaiter, avec toutes les particularités de structure qui l'amènent, se trouve jointe à la possession des dents à ciseaux ainsi qu'aux instincts chasseurs et aux facultés correspondantes. Voilà les éléments qui composent sa nature. Ce sont des faits liés l'un à l'autre comme une maille à une maille. Nous en apercevons quelques-unes, et nous savons qu'au delà de notre science présente et de notre expérience future, le filet étend à l'infini ses fils entrecroisés et multipliés. L'essence ou nature d'un être est la somme indéfinie de ses propriétés. « Nulle définition, dit Mill, n'exprime cette nature tout entière, et toute proposition exprime quelque partie de cette nature (1). » Quittez donc la vaine espérance de démêler sous les propriétés quelque être primitif et mystérieux, source et abrégé du reste; laissez

(1) The definition, they say, unfolds the nature of the thing : but no definition can unfold its whole nature; and every proposition in which any quality whatever is predicated of the thing, unfolds some part of its nature. The true state of the case we take to be this. All definitions are of names, and of names only; but, in some definitions, it is clearly apparent, that nothing is intended except to explain the meaning of the word; while in others, besides explaining the meaning of the word, it is intended to be implied that there exists a thing, corresponding to the word.

les entités à Duns Scott; ne croyez pas qu'en sondant vos idées comme les Allemands, en classant les objets d'après le genre et l'espèce comme les scolastiques, en renouvelant la science nominale du moyen âge, ou les jeux d'esprit de la métaphysique hégélienne, vous puissiez suppléer à l'expérience. Il n'y a pas de définitions de choses; s'il y a des définitions, ce ne sont que des définitions de noms. Nulle phrase ne me dira ce que c'est qu'un cheval, mais il y a des phrases qui me diront ce qu'on entend par ces cinq lettres. Nulle phrase n'épuisera la totalité inépuisable des qualités qui font un être, mais plusieurs phrases pourront désigner les faits qui correspondent à un mot. Dans ce cas, la définition peut se faire, parce qu'on peut toujours faire une analyse. Du terme abstrait et sommaire elle nous fait remonter aux attributs qu'il représente, et de ces attributs aux expériences intérieures ou sensibles qui leur servent de fondement. Du terme *chien* elle nous fait remonter aux attributs mammifère, carnassier et autres qu'il représente, et de ces attributs aux expériences de vue, de toucher, de scalpel, qui leur servent de fondement. Elle réduit le composé au simple, le dérivé au primitif. Elle ramène notre connaissance à ses origines. Elle transforme les mots en faits. S'il y a des définitions, comme celles de la géométrie, qui semblent capables d'engendrer de longues suites de vérités neuves (1), c'est qu'outre l'explication d'un mot, elles contiennent l'affirmation d'une chose. Dans la définition du triangle, il y a deux propositions distinctes, l'une disant qu'il peut y avoir une

(1) The definition above given of a triangle, obviously comprises not one, but two propositions, perfectly distinguishable. The one is, " There may exist a figure bounded by three straight lines ; " the other, " And this figure may be termed a triangle". The former of these propositions is not a definition at all ; the latter is a mere nominal definition, or explanation of the use and application of a term. The first is susceptible of truth or falsehood, and may therefore be made the foundation of a train of reasoning. The latter can neither be true nor false ; the only character it is susceptible of is that of conformity to the ordinary usage of language.

figure terminée par trois lignes droites, l'autre disant qu'une telle figure s'appelle un triangle. La première est un postulat, la seconde est une définition. La première est cachée, la seconde est visible; la première est susceptible de vérité ou d'erreur, la seconde n'est susceptible ni de l'une ni de l'autre. La première est la source de tous les théorèmes qu'on peut faire sur les triangles, la seconde ne fait que résumer en un mot les faits contenus dans l'autre. La première est une vérité, la seconde une commodité; la première est une partie de la science, la seconde un expédient du langage. La première exprime une relation possible entre trois lignes droites, la seconde donne le nom de cette relation. La première seule est fructueuse, parce que seule, conformément à l'office de toute proposition fructueuse, elle lie deux faits. Comprenons donc exactement la nature de notre connaissance: elle s'applique ou aux mots, ou aux êtres, ou à tous les deux à la fois. S'il s'agit de mots, comme dans les définitions de noms, tout son effort est de ramener les mots aux expériences primitives, c'est-à-dire aux faits qui leur servent d'éléments. S'il s'agit d'êtres, comme dans les propositions de choses, tout son effort est de joindre un fait à un fait, pour rapprocher la somme finie des propriétés connues de la somme infinie des propriétés à connaître. S'il s'agit des deux, comme dans les définitions de nom qui cachent une proposition de chose, tout son effort est de faire l'un et l'autre. Partout l'opération est la même. Il ne s'agit partout que de s'entendre, c'est-à-dire de revenir aux faits, ou d'apprendre, c'est-à-dire de joindre des faits.

V

Voilà un premier rempart détruit ; je suppose que vous attendez mon philosophe derrière le second, la théorie de la *preuve*. Celle-ci, depuis deux mille ans, passe pour une vérité acquise, définitive, inattaquable. Plusieurs l'ont jugée inutile, mais personne n'a osé la dire fausse. Chacun l'a considérée comme un théorème établi. Eh bien, regardons-la. Qu'est-ce qu'une preuve ? Selon les logiciens, c'est un syllogisme. Et qu'est-ce qu'un syllogisme ? C'est un groupe de trois propositions comme celui-ci : « Tous les hommes sont mortels ; le prince Albert est un homme ; donc le prince Albert est mortel. » Voilà le modèle de la preuve, et toute preuve complète se ramène à celle-là. Or, selon les logiciens, qu'y a-t-il dans cette preuve ? Une proposition générale concernant tous les hommes qui aboutit à une proposition particulière concernant un certain homme. De la première on passe à la seconde, parce que la seconde est contenue dans la première. Du général on passe au particulier, parce que le particulier est contenu dans le général. La seconde n'est qu'un cas de la première ; sa vérité est enfermée par avance dans celle de la première, et c'est pour cela qu'elle est une vérité. En effet, sitôt que la conclusion n'est plus contenue dans les prémisses, le raisonnement est faux, et toutes les règles compliquées du moyen âge ont été réduites par Port-Royal à cette seule règle, que la conclusion doit être contenue dans les prémisses. Ainsi toute la marche de l'esprit humain, quand il raisonne, consiste à reconnaître dans les individus ce qu'il a connu de la classe, à affirmer en détail ce qu'il a établi pour l'ensemble, à poser une seconde fois et pièce à pièce ce qu'il a posé tout d'un coup une première fois.

Point du tout, répond Mill, car si cela est, le raisonnement ne sert à rien. Il n'est point un progrès, mais une répétition. Quand j'ai affirmé que tous les hommes sont mortels, j'ai affirmé par cela même que le prince Albert est mortel. En parlant de la classe entière, c'est-à-dire de tous les individus, j'ai parlé de chaque individu, et notamment du prince Albert, qui est l'un d'eux. Je ne dis donc rien de nouveau maintenant que j'en parle. Ma conclusion ne m'apprend rien ; elle n'ajoute rien à ma connaissance positive ; elle ne fait que mettre sous une autre forme une connaissance que j'avais déjà. Elle n'est point fructueuse, elle est purement verbale. Donc, si le raisonnement est ce que disent les logiciens, le raisonnement n'est point instructif. J'en sais autant en le commençant qu'après l'avoir fini. J'ai transformé des mots en d'autres mots ; j'ai piétiné sur place. Or cela ne peut être, puisqu'en fait le raisonnement nous apprend des vérités neuves. J'apprends une vérité neuve quand je découvre que le prince Albert est mortel, et je la découvre par la vertu du raisonnement, puisque le prince Albert étant encore en vie, je n'ai pu l'apprendre par l'observation directe. Ainsi les logiciens se trompent, et par delà la théorie toute scolastique du syllogisme qui réduit le raisonnement à des substitutions de mots, il faut chercher une théorie de la preuve, toute positive, qui démêle dans le raisonnement des découvertes de faits.

Pour cela, il suffit de remarquer que la proposition générale n'est point la véritable preuve de la proposition particulière. Elle le paraît, elle ne l'est pas. Ce n'est pas de la mortalité de tous les hommes que je conclus la mortalité du prince Albert ; les prémisses sont ailleurs, et par derrière. La proposition générale n'est qu'un mémento, une sorte de registre abréviatif, où j'ai consigné le fruit de mes expériences. Vous pouvez considérer ce mémento comme un livre de notes où vous vous reportez quand vous voulez rafraîchir votre mémoire ; mais ce n'est point du livre que vous tirez votre science : vous la tirez des objets que vous avez vus. Mon mémento n'a de valeur que par les expériences qu'il rappelle. Ma proposition générale n'a de valeur que par les faits particuliers qu'elle résume. « La mortalité de Jean, Thomas et compagnie (1) est après tout la seule preuve que nous ayons de la

(1) The mortality of John, Thomas and company is, after all, the whole evidence we have for the mortality of the duke of Wellington. Not one iota is added to the proof by interpolating a general proposition. Since the individual cases are all the evidence we can possess, evidence which no logical form into which we choose to throw it can make greater than it is ; and since that evidence is either sufficient in itself, or, if insufficient for the one purpose, cannot be sufficient for the other ; I am unable to see why we should be forbidden to take the shortest cut from these sufficient premisses to the conclusion, and constrained to travel the " high priori road ", by the arbitrary fiat of logicians.

mortalité du prince Albert.» — «La vraie raison qui nous fait croire que le prince Albert mourra, c'est que ses ancêtres, et nos ancêtres, et toutes les autres personnes qui leur étaient contemporaines, sont morts. Ces faits sont les vraies prémisses du raisonnement.» C'est d'eux que nous avons tiré la proposition générale ; ce sont eux qui lui communiquent sa portée et la vérité ; elle se borne à les mentionner sous une forme plus courte ; elle reçoit d'eux toute sa substance ; ils agissent par elle et à travers elle pour amener la conclusion qu'elle semble engendrer. Elle n'est que leur représentant, et à l'occasion ils se passent d'elle. Les enfants, les ignorants, les animaux savent que le soleil se lèvera, que l'eau les noiera, que le feu les brûlera, sans employer l'intermédiaire de cette proposition. Ils raisonnent et nous raisonnons aussi, non du général au particulier, mais du particulier au particulier. « L'esprit ne va jamais que des cas observés aux cas non observés, avec ou sans formules commémoratives. Nous ne nous en servons que pour la commodité (1). » — « Si nous avions une mémoire assez ample et la faculté de maintenir l'ordre dans une grosse masse de détails, nous pourrions raisonner sans employer une seule proposition générale (2). » Ici, comme

(1) All inference is from particulars to particulars : General propositions are merely registers of such inferences already made, and short formulæ for making more : The major premiss of a syllogism, consequently, is a formula of this description : and the conclusion is not an inference drawn *from* the formula, but an inference drawn *according* to the formula : the real logical antecedent, or premisses, being the particular facts from which the general proposition was collected by induction. Those facts, and the individual instances which supplied them, may have been forgotten ; but a record remains, not indeed descriptive of the facts themselves, but showing how those cases may be distinguished respecting which the facts, when known, were considered to warrant a given inference. According to the indications of this record we draw our conclusion, which is, to all intents and purposes, a conclusion from the forgotten facts. For this it is essential that we should read the record correctly : and the rules of the syllogism are a set of precautions to ensure our doing so.

(2) If we had sufficiently capacious memories, and a sufficient power of maintaining order among a huge masse of

plus haut, les logiciens se sont mépris : ils ont donné le premier rang aux opérations verbales ; ils ont laissé sur l'arrière-plan les opérations fructueuses. Ils ont donné la préférence aux mots sur les faits. Ils ont continué la science nominale du moyen âge. Ils ont pris l'explication des noms pour la nature des choses, et la transformation des idées pour le progrès de l'esprit. C'est à nous de renverser cet ordre en logique, puisque nous l'avons renversé dans les sciences, de relever les expériences particulières et instructives, et de leur rendre dans nos théories la primauté et l'importance que notre pratique leur confère depuis trois cents ans.

details, the reasoning could go on without any general propositions ; they are mere formulæ for inferring particulars from particulars.

VI

Reste une sorte de forteresse philosophique où se réfugient les idéalistes. A l'origine de toutes les preuves il y a la source de toutes les preuves, j'entends les axiomes. Deux lignes droites ne peuvent enclore un espace ; deux quantités égales à une troisième sont égales entre elles ; si l'on ajoute des quantités égales à des quantités égales, les sommes ainsi formées sont encore égales : voilà des propositions instructives, car elles expriment non des sens de mots, mais des rapports de choses ; et de plus, ce sont des propositions fécondes, car toute l'arithmétique, l'algèbre et la géométrie sont des suites de leur vérité. D'autre part, cependant, elles ne sont point l'œuvre de l'expérience, car nous n'avons pas besoin de voir effectivement et avec nos yeux deux lignes droites pour savoir qu'elles ne peuvent enclore un espace ; il nous suffit de consulter la conception intérieure que nous en avons : le témoignage de nos sens à cet égard est inutile ; notre croyance naît tout entière, et avec toute sa force, de la simple comparaison de nos idées. De plus, l'expérience ne suit ces deux lignes que jusqu'à une distance bornée, dix, cent, mille pieds, et l'axiome est vrai pour mille, cent mille, un million de lieues, et à l'infini ; donc, à partir de l'endroit où l'expérience cesse, ce n'est plus elle qui établit l'axiome. Enfin l'axiome est nécessaire, c'est-à-dire que le contraire est inconcevable. Nous ne pouvons imaginer un espace enclos par deux lignes droites ; sitôt que nous imaginons l'espace comme enclos, les deux lignes cessent d'être droites ; sitôt que nous imaginons les deux lignes comme droites, l'espace cesse d'être enclos. Dans l'affirmation des axiomes, les idées constitutives s'attirent invinciblement. Dans la négation des axiomes, les idées constitutives se repoussent invinciblement. Or cela n'a pas lieu dans ces propositions d'expérience ; elles constatent un rapport accidentel, et non un rapport nécessaire ; elles posent que deux faits sont liés, et non que les deux faits doivent être liés ; elles établissent que les corps sont pesants, et non que les corps doivent être pesants. Ainsi les axiomes ne sont pas et ne peuvent pas être les produits de l'expérience. Ils ne le sont pas, puisqu'on peut les former de tête et sans expérience. Ils ne peuvent pas l'être puisqu'ils dépassent, par la nature et la portée de leurs vérités, les vérités de l'expérience. Ils ont une autre source et une source plus profonde. Ils vont plus loin et ils viennent d'ailleurs.

Point du tout, répond Mill. Ici, comme tout à l'heure, vous raisonnez en scolastique ; vous oubliez les faits cachés derrière les conceptions :

car regardez d'abord votre premier argument. Sans doute vous pouvez découvrir, sans employer vos yeux et par une pure contemplation mentale, que deux lignes ne sauraient enclore un espace ; mais cette contemplation n'est que l'expérience déplacée. Les lignes imaginaires remplacent ici les lignes réelles ; vous reportez les figures en vous-même, au lieu de les reporter sur le papier : votre imagination fait le même office qu'un tableau ; vous vous fiez à l'une comme vous vous fiez à l'autre, et une substitution vaut l'autre, car en fait de figures et de lignes l'imagination reproduit exactement la sensation. Ce que vous avez vu les yeux ouverts, vous le voyez exactement de même une minute après, les yeux fermés, et vous étudiez les propriétés géométriques transplantées dans le champ de la vision intérieure aussi sûrement que vous les étudieriez maintenues dans le champ de la vision extérieure. Il y a donc une expérience de tête comme il y en a une des yeux, et c'est justement d'après une expérience pareille que vous refusez aux deux lignes droites, même prolongées à l'infini, le pouvoir d'enclore un espace. Vous n'avez pas besoin pour cela de les suivre à l'infini, vous n'avez qu'à vous transporter par l'imagination à l'endroit où elles convergent, et vous avez à cet endroit l'impression d'une ligne qui se courbe, c'est-à-dire qui cesse d'être droite (1). Cette présence imaginaire tient lieu

(1) For though, in order actually to see that two given lines never meet, it would be necessary to follow them to infinity ; yet without doing so, we may know that it they ever do meet, or if, after diverging from one another, they begin again to approach, this must take place not at an infinite, but at a finite distance. Supposing, therefore, such to be the case, we can transport ourselves thither in imagination, and can frame a mental image of the appearance which one or both of the lines must present at that point, which we may rely on as being precisely similar to the reality. Now, whether we fix our contemplation upon this imaginary picture, or call to mind the generalizations we have had occasion to make from former ocular observation, we learn by the evidence of experience, that a line which, after diverging from another straight line, begins to approach to it, produces the impression on our senses which we describe by the expression " a bent line ", not by the expression, " a straight line ".

d'une présence réelle; vous affirmez par l'une ce que vous affirmeriez par l'autre, et du même droit. La première n'est que la seconde plus maniable, ayant plus de mobilité et de portée. C'est un télescope au lieu d'un œil. Or les témoignages du télescope sont des propositions d'expérience, donc les témoignages de l'imagination en sont aussi. Quant à l'argument qui distingue les axiomes et les propositions d'expérience, sous prétexte que le contraire des unes est concevable et le contraire des autres inconcevable, il est nul, car cette distinction n'existe pas. Rien n'empêche que le contraire de certaines propositions d'expérience soit concevable, et le contraire de certaines autres inconcevable. Cela dépend de la structure de notre esprit. Il se peut qu'en certains cas il puisse démentir son expérience, et qu'en certains autres il ne le puisse pas. Il se peut qu'en certains cas la conception diffère de la perception, et qu'en certains autres elle n'en diffère pas. Il se peut qu'en certains cas la vue extérieure s'oppose à la vue intérieure, et qu'en certains autres elle ne s'y oppose pas. Or on a déjà vu qu'en matière de figures, la vue intérieure reproduit exactement la vue extérieure. Donc, dans les axiomes de figure, la vue intérieure ne pourra s'opposer à la vue extérieure ; l'imagination ne pourra contredire la sensation. En d'autres termes, le contraire des axiomes sera inconcevable. Ainsi les axiomes, quoique leur contraire soit inconcevable, sont des expériences d'une certaine classe, et c'est parce qu'ils sont des expériences d'une certaine classe que leur contraire est inconcevable. De toutes parts surnage cette conclusion, qui est l'abrégé du système : toute proposition instructive ou féconde vient d'une expérience, et n'est qu'une liaison de faits.

VII

Il suit de là que l'induction est la seule clef de la nature. Cette théorie est le chef d'œuvre de Mill. Il n'y avait qu'un partisan aussi dévoué de l'expérience qui pût faire la théorie de l'induction.

Qu'est-ce que l'induction? C'est l'opération « qui découvre et prouve des propositions générales. C'est le procédé par lequel nous concluons que ce qui est vrai de certains individus d'une classe est vrai de toute la classe, ou que ce qui est vrai en certains temps, sera vrai en tout temps, les circonstances étant pareilles (1). » C'est le raisonnement par lequel, ayant remarqué que Pierre, Jean et un nombre plus ou moins grand d'hommes sont morts, nous concluons que tout homme mourra. Bref, l'induction lie la mortalité et la qualité d'homme, c'est-à-dire deux faits généraux ordinairement successifs, et déclare que le premier est la *cause* du second.

Cela revient à dire que le cours de la nature est uniforme. Mais l'induction ne part pas de cet axiome, elle y conduit; nous ne la trouvons pas au commencement, mais à la fin de nos recherches (2). Au fond l'expérience ne présup-

(1) Induction, then, is that operation of the mind, by which we infer that what we know to be true in a particular case or cases, will be true in all cases which resemble the former in certain assignable respects. In other words, Induction is the process by which we conclude that what is true of certain individuals of a class is true of the whole class, or thrt what is true at certain times will be true in similar circumstances at all times.

(2) We must first observe, that there is a principe implied in the very statement of what Induction is; an assump-

pose rien hors d'elle-même. Nul principe à priori ne vient l'autoriser ni la guider. Nous remarquons que cette pierre est tombée, que ce charbon rouge nous a brûlés, que cet homme est mort, et nous n'avons d'autre ressource pour induire que l'addition et la comparaison de ces petits faits isolés et momentanés. Nous apprenons par la simple pratique que le soleil éclaire, que les corps tombent, que l'eau apaise la soif, et nous n'avons d'autre ressource pour étendre ou contrôler ces inductions que d'autres inductions semblables. Chaque remarque, comme chaque induction, tire sa valeur d'elle-même et

tion with regard to the course of nature and the order of universe : namely, that there are such things in nature as parallel cases; that what happens once, will, under a sufficient degree of similarity of circumstances, happen again, and not only again, but as often as the same circumstances recur. This, I say, is an assumption, involved in every case of induction. And, if we consult the actual course of nature, we find that the assumption is warranted. The universe, we find, is so constitued, that whatever is true in any one case, is true at all cases of a certain description ; the only difficulty is, to find *what* description.

de ses voisines. C'est toujours l'expérience qui juge l'expérience, et l'induction qui juge l'induction.

Le corps de nos vérités n'a point une âme différente de lui-même qui lui communique la vie; il subsiste par l'harmonie de toutes ses parties prises ensemble et par la vitalité de chacune de ses parties prises à part. Vous refuseriez de croire un voyageur qui vous dirait qu'il y a des hommes dont la tête est au-dessous des épaules. Vous ne refuseriez pas de croire un voyageur qui vous dirait qu'il y a des cygnes noirs. Et cependant votre expérience de la chose est la même dans les deux cas; vous n'avez jamais vu que des cygnes blancs, comme vous n'avez jamais vu que des hommes ayant la tête au-dessus des épaules. D'où vient donc que le second témoignage vous paraît plus croyable que le premier? « Apparemment, parce qu'il y a moins de constance dans la couleur des animaux que dans la structure générale de leurs parties anatomiques. Mais comment savez-vous cela? Évidemment par l'expérience (1). Il est donc vrai que nous avons besoin de l'expérience pour nous apprendre à quel degré, dans quels

(1) Why it is that, with exactly the same amount of evidence, both negative and positive, we did not reject the assertion that there are black swans while we should refuse credence to any testimony which asserted there were men wearing their heads underneath their shoulders. The first assertion was more credible than the latter. But why more credible? So long as neither phenomenon had been actually witnessed, what reason was there for finding the one harder to be believed than the other? Apparently, because there is less constancy in the colours of animals, than in the general structure of their internal anatomy. But how do we know this? Doubtless, from experience. It appears, then, that we need experience to inform us in what degree, and in what cases, or sorts of cases, experience is to be relied on. Experience must be consulted in order to learn from it under what circumstances arguments from it will be valid. We have no ulterior test to which we subject experience in general; but we make experience its own test. Experience testifies that among the uniformities which it exhibits or seems to exhibit, some are more to be relied on than others; and uniformity, therefore, may be presumed, from any given number of instances, with a greater degree of assurance, in proportion as the case belongs to a class in which the uniformities have hitherto been found more uniform.

cas, dans quelles sortes de cas, nous pouvons nous fier à l'expérience. L'expérience doit être consultée pour apprendre d'elle dans quelles circonstances les arguments qu'on tire d'elle sont solides. Nous n'avons point une seconde pierre de touche d'après laquelle nous puissions vérifier l'expérience; nous faisons de l'expérience la pierre de touche de l'expérience. » Il n'y a qu'elle et elle est partout.

Considérons donc comment sans autre secours que le sien nous pouvons former des propositions générales, particulièrement les plus nombreuses et les plus importantes de toutes, celles qui joignent deux événements successifs en disant que le premier est la cause du second.

Il y a là un grand mot, celui de cause. Pesez-le. Il porte dans son sein toute une philosophie. De l'idée que vous y attachez, dépend toute votre idée de la nature. Renouveler la notion de cause, c'est transformer la pensée humaine; et vous allez voir comment Mill, avec

Hume et M. Comte, mais mieux que Hume et M. Comte, a transformé cette notion.

Qu'est-ce qu'une cause? Quand Mill dit que le contact du fer et de l'air humide produit la rouille, ou que la chaleur dilate les corps, il ne parle pas du lien mystérieux par lequel les métaphysiciens attachent la cause à l'effet. Il ne s'occupe pas de la force intime et de la vertu génératrice que certaines philosophies insèrent entre le producteur et le produit. « La seule notion, dit-il (1), dont l'induction ait besoin à cet égard peut être donnée par l'expérience. Nous apprenons par l'expérience qu'il y a dans la nature un ordre de succession invariable, et que chaque fait y est toujours précédé par un autre fait. Nous appelons cause l'*antécédent invariable*, effet le *conséquent invariable* (2). » Au fond, nous ne mettons rien

(1) Tome I, p. 338, 340, 341, 345, 351.

(2) The only notion of a cause, which the theory of induction requires, is such a notion as can be gained from experience. The Law of Causation, the recognition of which

d'autre sous ces deux mots. Nous voulons dire simplement que toujours, partout, le contact du fer et de l'air humide sera suivi par l'apparition de la rouille, l'application de la chaleur par la dilatation du corps. « La cause réelle est la série des conditions, l'ensemble des antécédents sans lesquels l'effet ne serait pas arrivé(1)... Il n'y a pas de fondement scientifique dans la distinction que l'on fait entre la cause d'un phénomène et ses conditions... La distinction que l'on établit entre le patient et l'agent est purement verbale... La cause est la somme des conditions négatives et positives prises ensemble, la totalité des circonstances et contingences de toute espèce, lesquelles, une fois données, sont

is the main pillar of inductive science, is but the familiar truth, that invariability of succession is found by observation to obtain between every fact in nature and some other fact which has preceded it; independently of all consideration respecting the ultimate mode of production of phenomena, and of every other question regarding the nature of " Things in themselves ".

(1) The real Cause, is the whole of these antecedents.

invariablement suivies du conséquent (1). » On fait grand bruit du mot nécessaire. « Ce qui est nécessaire, ce qui ne peut pas ne pas être, est ce qui arrivera, quelles que soient les suppositions que nous puissions faire à propos de toutes les autres choses (2). » Voilà tout ce que l'on veut dire quand on prétend que la notion de cause enferme la notion de nécessité. On veut dire que l'antécédent est suffisant et complet, qu'il n'y a pas besoin d'en supposer un autre que lui, qu'il contient toutes les conditions requises, que nulle autre condition n'est exigée. Succéder sans condition, voilà toute la notion d'effet et de cause. Nous n'en avons pas d'autre. Les philosophes se

(1) The cause, then, philosophically speaking, is the sum total of the conditions, positive and negative, taken together; the whole of the contingencies of every description, which being realized, the consequent invariably follows.

(2) If there be any meaning which confessedly belongs to the term necessity, it is *unconditionalness*. That which is necessary, that which *must* be, means that which will be, whatever supposition we may make in regard to all other things.

méprennent quand ils découvrent dans notre volonté un type différent de la cause, et déclarent que nous y voyons la force efficiente en acte et en exercice. Nous n'y voyons rien de semblable. Nous n'apercevons là comme ailleurs que des successions constantes. Nous ne voyons pas un fait qui en engendre un autre, mais un fait qui en accompagne un autre. « Notre volonté, dit Mill, produit nos actions corporelles, comme le froid produit la glace, ou comme une étincelle produit une explosion de poudre à canon. » Il y a là un antécédent comme ailleurs, la résolution ou état de l'esprit, et un conséquent comme ailleurs, l'effort ou sensation physique. L'expérience les lie et nous fait prévoir que l'effort suivra la résolution, comme elle nous fait prévoir que l'explosion de la poudre suivra le contact de l'étincelle. Laissons donc ces illusions psychologiques, et cherchons simplement, sous le nom d'effet et de cause, les phénomènes qui *forment des couples sans exception ni condition.*

Or, pour établir ces liaisons expérimentales, Mill découvre quatre méthodes, et quatre méthodes seulement : celle des concordances (1), celle des différences (2), celle des

(1) 1° Prenons cinquante creusets de matière fondue qu'on laisse refroidir, et cinquante dissolutions qu'on laisse évaporer ; toutes cristallisent. Soufre, sucre, alun, chlorure de sodium, les substances, les températures, les circonstances sont aussi différentes que possible. Nous y trouvons un fait commun et un seul, le passage de l'état liquide à l'état solide ; nous concluons que ce passage est l'antécédent invariable de la cristallisation. Voilà un exemple de la méthode de concordance : sa règle fondamentale est que « si deux ou plusieurs cas du phénomène en question n'ont qu'une circonstance commune, cette circonstance en est la cause ou l'effet » (tome Ier, p. 396).

(2) Prenons un oiseau qui est dans l'air et respire ; plongeons-le dans l'acide carbonique, il cesse de respirer. La suffocation se rencontre dans le second cas, elle ne se rencontre pas dans le premier ; du reste les deux cas sont aussi semblables que possible, puisqu'il s'agit dans tous les deux du même oiseau et presque au même instant ; ils ne diffèrent que par une circonstance, l'immersion dans l'acide carbonique substituée à l'immersion dans l'air. On en conclut que cette circonstance est un des antécédents invariables de la suffocation. Voilà un exemple de la méthode de différence ; sa règle fondamentale est que « si un cas où le phénomène

résidus (1), celle des variations concomitantes (2). Elles sont les seules voies par lesquelles

en question se rencontre et un cas où il ne se rencontre pas ont toutes leurs circonstances communes, sauf une, le phénomène a cette circonstance pour cause ou pour effet. »

(1) Prenons deux groupes, l'un d'antécédents, l'autre de conséquents. On a lié tous les antécédents, moins un, à leurs conséquents, et tous les conséquents, moins un, à leurs antécédents. On peut conclure que l'antécédent qui reste est lié au conséquent qui reste. Par exemple, les physiciens, ayant calculé, d'après les lois de la propagation des ondes sonores, quelle doit être la vitesse du son, trouvèrent qu'en fait les sons vont plus vite que le calcul ne semble l'indiquer. Ce surplus ou résidu de vitesse est un conséquent et suppose un antécédent ; Laplace trouva l'antécédent dans la chaleur que développe la condensation de chaque onde sonore, et cet élément nouveau introduit dans le calcul le rendit parfaitement exact. Voilà un exemple de la méthode des résidus. Sa règle est que « si l'on retranche d'un phénomène la partie qui est l'effet de certains antécédents, le résidu du phénomène est l'effet des antécédents qui restent. »

(2) Prenons deux faits : la présence de la terre et l'oscillation du pendule, ou bien encore la présence de la lune et le mouvement des marées. Pour joindre directement ces deux phénomènes l'un à l'autre, il faudrait pouvoir supprimer le premier, et vérifier si cette suppression entraînerait l'absence du second. Or cette suppression est, dans l'un

nous puissions pénétrer dans la nature. Il n'y a qu'elles, et elles sont partout. Et elles emploient toutes le même artifice. Cet artifice est l'*élimination ;* et en effet l'induction n'est pas autre chose. Vous avez deux groupes, l'un d'antécédents, l'autre de conséquents, chacun d'eux contenant plus ou moins d'éléments : dix, par exemple. A quel antécédent chaque conséquent est-il joint? Le premier conséquent est-il joint au premier antécédent, ou bien au troisième, ou bien au sixième? Toute la diffi-

et l'autre de ces cas, matériellement impossible. Alors nous employons une voie indirecte pour joindre les deux phénomènes. Nous remarquons que toutes les variations de l'un correspondent à certaines variations de l'autre ; que toutes les oscillations du pendule correspondent aux diverses positions de la terre ; que toutes les circonstances des marées correspondent aux positions de la lune. Nous en concluons que le second fait est l'antécédent du premier. Voilà un exemple de la méthode des variations concomitantes : sa règle fondamentale est que « si un phénomène varie d'une façon quelconque toutes les fois qu'un autre phénomène varie d'une certaine façon, le premier est une cause ou un effet direct ou indirect du second. »

culté et toute la découverte sont là. Pour résoudre la difficulté et pour opérer la découverte, il faut éliminer, c'est-à-dire exclure les antécédents qui ne sont point liés au conséquent que l'on considère (1). Mais comme effectivement on ne peut les exclure, et que, dans la nature, toujours le couple est entouré de circonstances, on assemble divers cas qui, par leur diversité, permettent à l'esprit de retrancher ces circonstances, et de voir le couple à nu. En définitive, on n'induit qu'en formant des couples ; on ne les forme qu'en les isolant ; on ne les isole que par des comparaisons.

(1) « La méthode de différence, dit Mill, a pour fondement, que tout ce qui ne saurait être éliminé est lié au phénomène par une loi. La méthode de concordance a pour fondement, que tout ce qui peut être éliminé n'est point lié au phénomène par une loi. » La méthode des résidus est un cas de la méthode de différence ; la méthode des variations concomitantes en est un autre cas, avec cette distinction qu'elle opère, non sur les deux phénomènes, mais sur leurs variations.

VIII

Ce sont là des formules, un fait sera plus clair. En voici un : vous allez voir les méthodes en exercice ; il y a un exemple qui les rassemble presque toutes. Il s'agit de la théorie de la rosée du docteur Well. Je cite les propres paroles de Mill ; elles sont si nettes, qu'il faut vous donner le plaisir de les méditer.

« Il faut d'abord distinguer la rosée de la pluie aussi bien que des brouillards, et la définir en disant qu' « elle est l'apparition spontanée d'une moiteur sur des corps exposés en plein air, quand il ne tombe point de pluie ni d'humidité visible (1). » La rosée ainsi définie, quelle en est la cause, et comment l'a-t-on trouvée ?

» D'abord, nous avons des phénomènes analogues dans la moiteur qui couvre un métal froid ou une pierre lorsque nous soufflons dessus, qui apparaît en été sur les parois d'un verre d'eau fraîche qui sort du puits, qui se montre à l'intérieur des vitres quand la grêle ou une pluie soudaine refroidit l'air extérieur, qui coule sur nos murs lorsqu'après un long froid arrive un dégel tiède et humide. — Comparant tous ces cas, nous trouvons qu'ils contiennent tous le phénomène en question. Or, tous ces cas s'accordent en un point, à savoir, que l'objet qui se couvre de rosée est plus froid que l'air qui le

(1) "We must separate dew from rain, and the moisture of fogs, and limite the application of the term to what is really meant, which is, the spontaneous appearance of moisture on substances exposed in the open air when no rain or *visible* wet is falling."

touche. Cela arrive-t-il aussi dans le cas de la rosée nocturne ? Est-ce un fait que l'objet baigné de rosée est plus froid que l'air ? Nous sommes tentés de répondre que non, car qui est-ce qui le rendrait plus froid ? Mais l'expérience est aisée : nous n'avons qu'à mettre un thermomètre en contact avec la substance couverte de rosée, et en suspendre un autre un peu au-dessus, hors de la portée de son influence. L'expérience a été faite, la question a été posée, et toujours la réponse s'est trouvée affirmative. Toutes les fois qu'un objet se recouvre de rosée, il est plus froid que l'air (1).

(1) " Now, here we have analogous phenomena in the moisture which bedews a cold metal or stone when we breathe upon it ; that which appears on a glass of water fresh from the well in hot weather ; that which appears on the inside of windows when sudden rain or hail chills the external air ; that which runs down our walls when, after a long frost, a warm moist thaw comes on. " Comparing these cases, we find that they all contain the phenomenon which was proposed as the subject of investigation. Now " all sthede instances agree in one point, the coldness of the

» Voilà une application complète de la *méthode de concordance :* elle établit une liaison invariable entre l'apparition de la rosée sur une surface et la froideur de cette surface comparée à l'air extérieur. Mais laquelle des deux est cause, et laquelle effet? ou bien sont-elles toutes les deux les effets de quelque chose d'autre? Sur ce point, la méthode de concordance ne nous fournit aucune lumière. Nous devons avoir recours à une méthode plus puissante : nous devons varier les circonstances, nous devons noter les cas où la rosée manque ; car une des conditions

object dewed, in comparison with the air in contact with it." But there still remains the most important case of all, that of nocturnal dew : does the same circumstance exist in this case? "Is it a fact that the object dewed *is* colder than the air? Certainly not, one would at first be inclined to say; for what is to make it so? But... the experiment is easy; we have only to lay a thermometer in contact with the dewed substance, and hang one at a little distance above it, out of reach of its influence. The experiment has been therefore made ; the question has been asked, and the answer has been invariably in the affirmative. Whenever an object contracts dew, it *is* colder than the air. "

nécessaires pour appliquer la *méthode de différence*, c'est de comparer des cas où le phénomène se rencontre avec d'autres où il ne se rencontre pas (1).

» Or la rosée ne se dépose pas sur la surface des métaux polis, tandis qu'elle se dépose très-abondamment sur le verre. Voilà un cas où l'effet se produit, et un autre où il ne se produit point... Mais, comme les différences qu'il y a entre le verre et les métaux polis sont nom-

(1) Here then is a complete application of the Method of Agreement, establishing the fact of an invariable connexion between the deposition of dew on a surface, and the coldness of that surface compared with the external air. But which of these is cause, and which effect? or are they both effects of something else? On this subject the Method of Agreement can afford us no light : we must call in a more potent method. We must collect more facts, or, which comes to the same thing, vary the circumstances; since every instance in which the circumstances differ is a fresh fact : and especially, we must note the contrary or negatives cases, i. e., where no dew is produced : for a comparison between instances of dew and instances of no dew is the condition necessary to bring the Method of Difference into play.

breuses, la seule chose dont nous puissions encore être sûrs, c'est que la cause de la rosée se trouvera parmi les circonstances qui distinguent le verre des métaux polis (1)... Cherchons donc à démêler cette circonstance, et pour cela employons la seule méthode possible, celle des *variations concomitantes*. Dans le cas des métaux polis et du verre poli, le contraste montre évidemment que la *substance* a une grande influence sur le phénomène. C'est pourquoi faisons varier autant que possible la substance

(1) " Now, first, no dew is produced on the surface of polished metals, but it *is* very copiously on glass, both exposed with their faces upwards, and in some cases the under side of a horizontal plate of glass is also dewed. " Here is an instance in which the effect is produced, and another instance in which it is not produced ; but we cannot yet pronounce, as the canon of the Method of Difference requires, that the latter instance agrees with the former in all its circumstances exceptin one ; for the differences between glass and polished metals are manifold, and the only thing we can as yet be sure of, is, that the cause of dew will be found among the circumstances by which the former substance is distinguished from the latter.

seule, en exposant à l'air les surfaces polies de différentes sortes. Cela fait, on voit tout de suite paraître une échelle d'intensité. Les substances polies qui conduisent le plus mal la chaleur sont celles qui s'imprègnent le plus de rosée; celles qui conduisent le mieux la chaleur sont celles qui s'en humectent le moins (1): d'où l'on conclut que « l'apparition de la rosée est liée au pouvoir que possède le corps de résister au passage de la chaleur. »

» Mais si nous exposons à l'air des surfaces rudes au lieu de surfaces polies, nous trouvons quelquefois cette loi renversée. Ainsi le fer rude, particulièrement s'il est peint ou noirci, se mouille de rosée plus vite que le papier verni.

(1) " In the cases of polished metal and polished glass, the contrast shows evidently that the *substance* has much to do with the phenomenon; therefore let the substance *alone* be diversified as much as possible, by exposing polished surfaces of various kinds. This done, a *scale of intensity* becomes obvious. Those polished substances are found to be most strongly dewed which conduct heat worst, while those which conduct well, resist dew most effectually. "

L'*espèce de surface* a donc beaucoup d'influence. C'est pourquoi exposons la même substance en faisant varier le plus possible l'état de sa surface (ce qui est un nouvel emploi de la méthode des variations concomitantes), et une nouvelle échelle d'intensité se montrera. Les surfaces qui perdent leur chaleur le plus aisément par le rayonnement sont celles qui se mouillent le plus abondamment de rosée (1).

(1) The conclusion obtained is, that, *cæteris paribus*, the deposition of dew is in some proportion to the power which the body possesses of resisting the passage of heat; and that this, therefore (or something connected with this), must be at least one of the causes which assist in producing the deposition of dew on the surface.

" But if we expose rough surfaces instead of polished, we sometimes find this law interfered with. Thus, roughened iron, especially if painted over or blackened, becomes dewed sooner that varnished paper: the kind of *surface*, therefore, has a great influence. Expose, then, the *same* material in very diversified states as to surface " (that is, employ the Method of Difference to ascertain concomitance of variations), " and another scale of intensity becomes at once apparent; those *surfaces* which *part with their heat* most readily by radiation, are found to contract dew most copiously. "

On en conclut « que l'apparition de la rosée est liée à la capacité de perdre la chaleur par voie de rayonnement. »

» A présent l'influence que nous venons de reconnaître à la *substance* et à la *surface* nous conduit à considérer celle de la *texture*, et là nous rencontrons une troisième échelle d'intensité, qui nous montre les substances d'une texture ferme et serrée, par exemple les pierres et les métaux, comme défavorables à l'apparition de la rosée, et au contraire les substances d'une texture lâche, par exemple le drap, le velours, la laine, le duvet, comme éminemment favorables à la production de la rosée. La texture lâche est donc une des circonstances qui la provoquent. Mais cette troisième cause se ramène à la première, qui est le pouvoir de résister au passage de la chaleur, car les substances de texture lâche sont précisément celles qui fournissent les meilleurs vêtements, en empêchant la chaleur de passer de la peau à l'air, ce qu'elles font en maintenant leur surface intérieure très-chaude, pendant que leur surface extérieure est très-froide (1).

(1) The conclusion obtained by this new application of the method is, that, *cæteris paribus*, the deposition of dew is also in some proportion to the power of radiating heat; and that the quality of doing this abundantly (or some cause on which that quality depends) is another of the causes which promote the deposition of dew on the substance.

" Again, the influence ascertained to exist of *substance* and *surface* leads us to consider that of *texture :* and here, again, we are presented on trial with remarkable differences, and with a third scale of intensity, pointing out substances of a close firm texture, such as stones, metals, etc., as unfavourable, but those of a loose one, as cloth, velvet, wool, eiderdown, cotton, etc., as eminently favourable to the contraction of dew. The Method of concomitant Variations is here, for the third time, had recourse to; and, as before, fron necessity, since the texture of no substance is absolutely firm or absolutely loose. Looseness of texture, therefore, or something which is the cause of that quality, is another circumstance which promotes the deposition of dew ; but this third cause resolves itself into the first, viz. the quality of resisting the passage of heat : for substances of loose texture are precisely those which are best adapted for clothing or for impeding the free passage of heat from the skin into the air, so as to allow their outer surfaces to be very cold, while they remain warm within."

» Ainsi les cas très-variés dans lesquels beaucoup de rosée se dépose s'accordent en ceci, et, autant que nous pouvons l'observer, en ceci seulement, qu'ils conduisent lentement la chaleur ou la rayonnent rapidement, — deux qualités qui ne s'accordent qu'en un seul point, qui est qu'en vertu de l'une et de l'autre le corps tend à perdre sa chaleur par sa surface plus rapidement qu'elle ne peut lui être restituée par le dedans. Au contraire, les cas très-variés dans lesquels la rosée manque ou est très-peu abondante s'accordent en ceci, et, autant que nous pouvons l'observer, en ceci seulement, qu'ils n'ont pas cette propriété. Nous pouvons maintenant répondre à la question primitive et savoir lequel des deux, du froid et de la rosée, est la cause de l'autre. Nous venons de trouver que la substance sur laquelle la rosée se dépose doit, par ses seules propriétés, devenir plus froide que l'air. Nous pouvons donc rendre compte de sa froideur, abstraction faite de la rosée, et, comme il y a une liaison entre les deux, c'est la rosée qui dépend de la froideur ; en d'autres termes, la froideur est la cause de la rosée (1).

» Maintenant cette loi si amplement établie peut se confirmer de trois manières différentes. Premièrement, par déduction, en partant des lois connues que suit la vapeur aqueuse lorsqu'elle est diffuse dans l'air ou dans tout autre

(1) It thus appears that the instances in which much dew is deposited, which are very various, agree in this, and, so far as we are able to observe, in this only, that they either radiate heat rapidly or conduct it slowly : qualities between which there is no other circumstance of agreement, than that by virtue of either, the body tends to lose heat from the surface more rapidly than it can be restored from within. The instances, on the contrary, in which no dew, or but a small quantity of it, is formed, and which are also extremely various, agree (so far as we can observe) in nothing, except in *not* having this same property.

This doubt we are not able to resolve. We have found that, in every such instance, the substance must be one which, by its own properties or laws, would, if exposed in the night, become colder than the surrounding air. The coldness therefore, being accounted for independently of the dew, while it is proved that there is a connexion between the two, it must be the dew which depends on the coldness; or in other words, the coldness is the cause of the dew.

gaz. On sait par l'expérience directe que la quantité d'eau qui peut rester suspendue dans l'air à l'état de vapeur est limitée pour chaque degré de température, et que ce maximum devient moindre à mesure que la température diminue. Il suit de là déductivement que, s'il y a déjà autant de vapeur suspendue dans l'air que peut en contenir sa température présente, tout abaissement de cette température portera une portion de la vapeur à se condenser et à se changer en eau. Mais, de plus, nous savons déductivement, d'après les lois de la chaleur, que le contact de l'air avec un corps plus froid que lui-même abaissera nécessairement la température de la couche d'air immédiatement appliquée à sa surface, et par conséquent la forcera d'abandonner une portion de son eau, laquelle, d'après les lois ordinaires de la gravitation ou cohésion, s'attachera à la surface du corps, ce qui constituera la rosée... Cette preuve déductive a l'avantage de rendre compte des exceptions, c'est-à-dire des cas où, ce corps étant plus froid que l'air, il ne se dépose pourtant point de rosée : car elle montre qu'il en sera nécessairement ainsi, lorsque l'air sera si peu fourni de vapeur aqueuse, comparativement à sa température, que même, étant un peu refroidi par le contact d'un corps plus froid, il sera encore capable de tenir en suspension toute la vapeur qui s'y trouvait d'abord suspendue. Ainsi, dans un été très-sec, il n'y a pas de rosée, ni dans un hiver très-sec de gelées blanches (1).

(1) The law of causation, already so amply established, admits, howewer, of efficient additional corroboration in no less than three ways. First, by deduction from the known laws of aqueous vapour when diffused through air or any other gas; and though we have not yet come to the Deductive Method, we will not omit what is necessary to render the speculation complete. It is known by direct experiment that only a limited quantity of water can remain suspended in the state of vapour at each degree of temperature, and that this maximum grows less and less as the temperature diminishes. From this it follows, deductively, that if there is already as much vapour suspended as the air will contain at its existing temperature, any lowering of that temperature will cause a portion of the vapour to be condensed, and become water. But, again, we know deductively, from

» La seconde confirmation de la théorie se tire de l'expérience directe pratiquée selon la méthode de différence. Nous pouvons, en refroidissant la surface de n'importe quel corps, atteindre en tous les cas une température à laquelle la rosée commence à se déposer. Nous ne pouvons, à la vérité, faire cela que sur une petite

the laws of heat, that the contact of the air with a body colder than itself, will necessary lower the temperature of the stratum of air immediately applied to its surface; and will therefore cause it to part with a portion of its water, which accordingly will, by the ordinary laws of gravitation or cohesion, attach itself to the surface of the body, thereby constituting dew. This deductive proof, it will have been seen, has the advantage of proving at once causation as well as coexistence; and it has the additional advantage that it also accounts for the *exceptions* to the occurrence of the phenomenon, the cases in which, although the body is colder than the air, yet no dew is deposited; by shewing that this will necessarily be the case when the air is so under-supplied with aqueous vapour, comparatively to its temperature, that even when somewhat cooled by the contact of the colder body, it can still continue to hold in suspension all the vapour which was previously suspended in it: thus in a very dry summer there are no dews, in a very dry winter no hoar frost.

échelle ; mais nous avons d'amples raisons pour conclure que la même opération, si elle était conduite dans le grand laboratoire de la nature, aboutirait au même effet.

» Et finalement nous sommes capables de vérifier le résultat, même sur cette grande échelle. Le cas est un de ces cas rares où la nature fait l'expérience pour nous de la même manière que nous la ferions nous-mêmes, c'est-à-dire en introduisant dans l'état antérieur des choses une circonstance nouvelle, unique et parfaitement définie, et en manifestant l'effet si rapidement, que le temps manquerait pour tout autre changement considérable dans les circonstances antérieures. On a observé que la rosée ne se dépose jamais abondamment dans des endroits fort abrités contre le ciel ouvert, et point du tout dans les nuits nuageuses; mais que, si les nuages s'écartent, fût-ce pour quelques minutes seulement, de façon à laisser une ouverture, la rosée commence à se déposer, et va en augmentant. Ici il est complétement prouvé que la présence ou l'absence d'une communication non interrompue avec le ciel cause la présence ou l'absence de la rosée; mais puisqu'un ciel clair n'est que l'absence des nuages, et que les nuages, comme tous les corps entre lesquels et un objet donné il n'y a rien qu'un fluide élastique, ont cette propriété connue, qu'ils tendent à élever ou à maintenir la température de la surface de l'objet en rayonnant vers lui de la chaleur, nous voyons à l'instant que la retraite des nuages refroidira la surface. Ainsi, dans ce cas, la nature ayant produit un changement dans l'antécédent par des moyens connus et définis, le conséquent suit et doit suivre : expérience naturelle conforme aux règles de la méthode de différence (1). »

(1) The second corroboration of the theory is by direct experiment, according to the canon of the Method of Difference. We can, by cooling the surface of any body, find in all cases some temperature (more or less inferior to that of the surrounding air, according to its hygrometric condition), at which dew will begin to be deposited. Here, too, there-

IX

Ce ne sont pas là tous les procédés des sciences, mais ceux-ci mènent aux autres. Vous allez voir comme chez Mill tout s'enchaîne. Il n'y a pas d'esprit plus rigoureux. Sans doute ces pro-

fore, the causation is directly proved. We can, it is true, accomplish this only on a small scale ; but we have ample reason to conclude that the same operation, if conducted in Nature's great laboratory, would equally produce the effect.

And, finally, even on that great scale we are able to verify the result. The case is one of those rare cases, as we have shown them to be, in which nature works the experiment for us in the same manner in which we ourselves perform it ; introducing into the previous state of things a single and perfectly definite new circumstance, and manifesting the effect so rapidly, that there is not time for any other macédés d'isolement en beaucoup de cas sont impuissants, et ces cas sont ceux où l'effet, étant produit par un concours de causes, ne peut être divisé en ses éléments. Les méthodes d'isolement sont alors impraticables. Nous ne pou-

terial change in the pre-existing circumstances. It is observed that dew is never copiously deposited in situations much screened from the open sky, and not at all in a cloudy night, but *if the clouds withdraw even for a few minutes, and leave a claer opening, a deposition of dew presently begins,* and goes on increasing..... Dew formed in clear intervals will often even evaporate again, when the sky becomes thickly overcast. The proof, therefore, is complete that the presence or absence of an uninterrupted communication with the sky causes the deposition or non-deposition of dew. Now, since a clear sky is nothing but the absence of clouds, and it is a known property of clouds, as of all other bodies between which and any given object nothing intervenes but an elastic fluid, that they tend to raise or keep up the superficial temperature of the object by radiating heat to it, we see at once that the disappearance of clouds will cause the surface to cool; so that Nature, in this case, produces a change in the antecedent by definite and known means, and the consequent follows accordingly : a natural experiment which satisfies the requisitions of the Method of Difference.

vons plus éliminer, et par conséquent nous ne pouvons plus induire. Et cette difficulté si grave se rencontre dans presque tous les cas du mouvement, car presque tout mouvement est l'effet d'un concours de forces, et les effets respectifs des diverses forces se trouvent en lui mêlés à un tel point qu'on ne peut les séparer sans le détruire, en sorte qu'il semble impossible de savoir quelle part chaque force a dans la production de ce mouvement. Prenez un corps sollicité par deux forces dont les directions font un angle, il se meut suivant la diagonale; chaque partie, chaque moment, chaque position, chaque élément de son mouvement est l'effet combiné des deux forces sollicitantes. Les deux effets se pénètrent tellement qu'on n'en peut isoler aucun et le rapporter à sa source. Pour apercevoir séparément chaque effet, il faudrait considérer des mouvements différents, c'est-à-dire supprimer le mouvement donné et le remplacer par d'autres. Ni la méthode de concordance ou de différence, ni la méthode des résidus ou des variations concomitantes, qui sont toutes décomposantes et éliminatives, ne peuvent servir contre un phénomène qui par nature exclut toute élimination et toute décomposition. Il faut donc tourner l'obstacle, et c'est ici qu'apparaît la dernière clef de la nature, la méthode de déduction. Nous quittons le phénomène, nous nous reportons à côté de lui, nous en étudions d'autres plus simples, nous établissons leurs lois, et nous lions chacun d'eux à sa cause par les procédés de l'induction ordinaire ; puis, supposant le concours de deux ou plusieurs de ces causes, nous concluons d'après leurs lois connues quel devra être leur effet total. Nous vérifions ensuite si le mouvement donné est exactement semblable au mouvement prédit, et si cela est, nous l'attribuons aux causes d'où nous l'avons déduit. Ainsi, pour découvrir les causes des mouvements des planètes, nous recherchons par des inductions simples les lois de deux causes, l'une qui est la force d'impulsion primitive dirigée selon la tangente, l'autre qui est la force accélératrice attractive. De ces lois induites nous déduisons par le calcul le mouvement d'un corps qui serait soumis à leurs sollicitations combinées, et, vérifiant que les mouvements planétaires observés coïncident exactement avec les mouvements prévus, nous concluons que les deux forces en question sont effectivement les causes des mouvements planétaires. « C'est à cette méthode, dit Mill, que l'esprit humain doit ses plus grands triomphes. Nous lui devons toutes les théories qui ont réuni des phénomènes vastes et compliqués sous quelques lois simples. » Ses détours nous ont conduits plus loin que la voie directe ; elle a tiré son efficacité de son imperfection.

X

Que si nous comparons maintenant les deux méthodes, leur opportunité, leur office, leur domaine, nous y trouverons comme en abrégé l'histoire, les divisions, les espérances et les limites de la science humaine. La première apparaît au début, la seconde à la fin. La première a dû prendre l'empire au temps de Bacon (1), et commence à le perdre; la seconde a dû perdre l'empire au temps de Bacon, et commence à le prendre : en sorte que la science, après

(1) Tome I, page 500.

avoir passé de l'état déductif à l'état expérimental, passe de l'état expérimental à l'état déductif. La première a pour province les phénomènes décomposables et sur lesquels nous pouvons expérimenter. La seconde a pour domaine les phénomènes indécomposables, ou sur lesquels nous ne pouvons expérimenter. La première est efficace en physique, en chimie, en zoologie, en botanique, dans les premières démarches de toute science, partout où les phénomènes sont médiocrement compliqués, proportionnés à notre force, capables d'être transformés par les moyens dont nous disposons. La seconde est puissante en astronomie, dans les parties supérieures de la physique, en physiologie, en histoire, dans les dernières démarches de toute science, partout où les phénomènes sont fort compliqués, comme la vie animale et sociale, ou placés hors de nos prises, comme le mouvement des corps célestes et les révolutions de l'enveloppe terrestre. Quand la méthode convenable n'est pas employée, la science s'arrête ; quand la méthode convenable est pratiquée, la science marche. Là est tout le secret de son passé et de son présent. Si les sciences physiques sont restées immobiles jusqu'à Bacon, c'est qu'on déduisait lorsqu'il fallait induire. Si la physiologie et les sciences morales aujourd'hui sont en retard, c'est qu'on y induit lorsqu'il faudrait déduire. C'est par déductions et d'après les lois physiques et chimiques qu'on pourra expliquer les phénomènes physiologiques. C'est par déduction et d'après les lois mentales qu'on pourra expliquer les phénomènes historiques (1). Et ce qui est l'instrument de ces deux sciences se trouve le but de toutes les autres. Toutes tendent à devenir déductives ; toutes aspirent à se résumer en quelques propositions générales desquelles le reste puisse se déduire. Moins ces propositions

(1) Tome II, liv. VI, ch. 9. Tome I, p. 487. Explication, d'après Liebig, de la décomposition, de la respiration, de l'empoisonnement, etc. Il y a un livre entier sur la méthode des sciences morales ; je ne connais pas de meilleur traité sur ce sujet.

sont nombreuses, plus la science est avancée. Moins une science exige de suppositions et de données, plus elle est parfaite. Cette réduction est son état final. L'astronomie, l'acoustique, l'optique, lui offrent son modèle. Nous connaîtrons la nature quand nous aurons déduit ses millions de faits de deux ou trois lois.

J'ose dire que la théorie que vous venez d'entendre est parfaite. J'en ai omis plusieurs traits, mais vous en avez assez vu pour reconnaître que nulle part l'induction n'a été expliquée d'une façon si complète et si précise, avec une telle abondance de distinctions fines et justes, avec des applications si étendues et si exactes, avec une telle connaissance des pratiques effectives et des découvertes acquises, avec une plus entière exclusion des principes à priori et des suppositions métaphysiques, dans un esprit plus conforme aux procédés rigoureux de l'expérience moderne. Vous me demandiez tout à l'heure ce que nous avons fait en philosophie ; je réponds : la théorie de l'induction. Mill est le dernier d'une grande lignée qui commence à Bacon, et qui, par Hobbes, Newton, Locke, Hume, Herschel, s'est continuée jusqu'à nous. Ils ont porté dans la philosophie notre esprit national; ils ont été positifs et pratiques; ils ne se sont point envolés au-dessus des faits; ils n'ont point tenté des routes extraordinaires; ils ont purgé le cerveau humain de ses illusions, de ses ambitions, de ses fantaisies. Ils l'ont employé du seul côté où il puisse agir ; ils n'ont voulu que planter des barrières et des flambeaux sur le chemin déjà frayé par les sciences fructueuses. Ils n'ont point voulu dépenser vainement leur travail hors de la voie explorée et vérifiée. Ils ont aidé à la grande œuvre moderne, la découverte des lois applicables ; ils ont contribué, comme les savants spéciaux, à augmenter la puissance de l'homme. Trouvez-moi beaucoup de philosophies qui en aient fait autant.

XI

Vous allez me dire que mon philosophe s'est coupé les ailes pour fortifier les jambes. Certainement, et il a bien fait. L'expérience borne la carrière qu'elle nous ouvre; elle nous a donné notre but; elle nous donne aussi nos limites. Nous n'avons qu'à regarder les éléments qui la composent et les événements dont elle part pour comprendre que sa portée est restreinte. Sa nature et son procédé réduisent sa marche à quelques pas. Et d'abord (1) les lois dernières de

(1) Tome II, page 4.

la nature ne peuvent être moins nombreuses que les espèces distinctes de nos sensations. Nous pouvons bien réduire un mouvement à un autre mouvement, mais non la sensation de chaleur à la sensation d'odeur, ou de couleur, ou de son, ni l'une ou l'autre à un mouvement. Nous pouvons bien ramener l'un à l'autre des phénomènes de degré différent, mais non des phénomènes d'espèce différente. Nous trouvons les sensations distinctes au fond de toutes nos connaissances, comme des éléments simples, indécomposables, absolument séparés les uns des autres, absolument incapables d'être ramenés les uns aux autres. L'expérience a beau faire, elle ne peut supprimer ces diversités qui la fondent. D'autre part, l'expérience a beau faire, elle ne peut se soustraire aux conditions dans lesquelles elle agit. Quel que soit son domaine, il est limité dans le temps et dans l'espace ; le fait qu'elle observe est borné et amené par une infinité d'autres qu'elle ne peut atteindre. Elle est obligée de supposer ou de reconnaître quelque état primordial d'où elle part et qu'elle n'explique pas (1). Tout problème a ses données accidentelles ou arbitraires : on en déduit le reste, mais on ne les déduit de rien. Le soleil, la terre, les planètes, l'impulsion initiale des corps célestes, les propriétés primitives des substances chimiques, sont de ces données (2). Si nous les possédions

(1) There exist in nature a number of permanent causes, which have subsisted ever since the humam race has been in existence, and for an indefinite and probably an enormous length of time previous. The sun, the earth, and planets, with their various constituents, air, water, and the other distinguishable substances, whether simple or compound, of which nature is made up, are such Permanent Causes. They have existed, and the effets or consequences which they were fitted to produce have taken place (as often as the other conditions of the production met), from the very beginning of our experience. But we can give no account of the origine of the Permanent Causes themselves.

(2) The resolution of the laws of the heavenly motions, established the previously unknown ultimate property of a mutual attraction between the bodies : the resolution, so far as it has yet proceeded, of the laws of crystallization, of chemical composition, electricity, magnetism, etc., points to various polarities, ultimately inherent in the particles of which bodies are composed ; the comparative atomic weights

toutes, nous pourrions tout expliquer par elles, mais nous ne saurions les expliquer elles-mêmes Pourquoi, demande Mill, ces agents naturels ont-ils existé à l'origine plutôt que d'autres? Pourquoi ont-ils été mêlés en telles ou telles proportions? Pourquoi ont-ils été distribués de telle ou telle manière dans l'espace? C'est là une question à laquelle nous ne pouvons répondre. Bien plus, nous ne pouvons découvrir rien de régulier dans cette distribution même; nous ne

of different kinds of bodies were ascertained by resolving, into more general laws, the uniformities observed in the proportions in which substances combine with one another; and so forth. Thus although every resolution of a complex uniformity into simpler and more elementary laws has an apparent tendency to diminish the number of the ultimate properties, and really does remove many properties from the list; yet (since the result of this simplifying process is to trace up an ever greater variety of differents effects to the same agents), the further we advance in this direction, the greater number of distinct properties we are forced to recognise in one and the same object: the coexistences of which properties must accordingly be ranked among the ultimate generalities of nature.

pouvons la réduire à quelque uniformité, à quelque loi. L'assemblage de ces agents n'est pour nous qu'un pur accident (1). Et l'astronomie, qui tout à l'heure nous offrait le modèle de la science achevée, nous offre maintenant l'exemple de la science limitée. Nous pouvons bien prédire les innombrables positions de tous les corps planétaires ; mais nous sommes obligés de supposer, outre l'impulsion primitive et son degré, outre la force attractive et sa loi, les masses et les distances de tous les corps dont nous parlons. Nous comprenons des millions de faits, mais au moyen d'une centaine de faits que nous ne comprenons pas ; nous atteignons des conséquences

(1) Why these particular natural agents existed originally and no others, or why they are commingled in such and such proportions, and distributed in such a manner throughout space, is a question we cannot answer. More than this : we can discover nothing regular in the distribution itself; we can reduce it to no uniformity, to no law. There are no means by which, from the distribution of these causes or agents in one part of space, we could conjecture whether a similar distribution prevails in another.

nécessaires, mais au moyen d'antécédents accidentels, en sorte que, si la théorie de notre univers était achevée, elle aurait encore deux grandes lacunes : l'une au commencement du monde physique, l'autre au début du monde moral ; l'une comprenant les éléments de l'être, l'autre renfermant les éléments de l'expérience; l'une contenant les sensations primitives, l'autre contenant les agents primitifs. «Notre science, dit votre Royer-Collard, consiste à puiser l'ignorance à sa source la plus élevée.»

Pouvons-nous au moins affirmer que ces données irréductibles ne le sont qu'en apparence et au regard de notre esprit ? Pouvons-nous dire qu'elles ont des causes comme les faits dérivés dont elles sont les causes ? Pouvons-nous décider que tout événement à tout point du temps et de l'espace arrive selon des lois, et que notre petit monde si bien réglé est un abrégé du grand? Pouvons-nous, par quelque axiome, sortir de notre enceinte si étroite, et affirmer quelque chose de l'univers? En aucune façon, et c'est ici que Mill pousse aux dernières conséquences; car la loi qui attribue une cause à tout événement n'a pour lui d'autre fondement, d'autre valeur et d'autre portée que notre expérience. Elle ne renferme point sa nécessité en elle-même ; elle tire toute son autorité du grand nombre des cas où on l'a reconnue vraie ; elle ne fait que résumer une somme d'observations; elle lie deux données qui, considérées en elles-mêmes, n'ont point de liaison intime ; elle joint l'antécédent et le conséquent pris en général, comme la loi de la pesanteur joint un antécédent et un conséquent pris en particulier; elle constate un couple, comme font toutes les lois expérimentales, et participe à leur incertitude comme à leurs restrictions. Ecoutez ces fortes paroles : « Je suis convaincu que si un homme habitué à l'abstraction et à l'analyse exerçait loyalement ses facultés à cet effet, il ne trouverait point de difficulté, quand son imagination aurait pris le pli, à concevoir qu'en certains endroits, par exemple dans un des firmaments dont l'astronomie sidérale compose à présent l'univers, les événements puissent se succéder au hasard, sans aucune loi fixe; et rien, ni dans notre expérience, ni dans notre constitution mentale, ne nous fournit une raison suffisante, ni même une raison quelconque pour croire que cela n'a lieu nulle part (1). » Pratiquement, nous pouvons nous fier à une loi si bien établie; mais « dans les parties lointaines des régions stellaires, où les phénomènes peuvent être entièrement différents de ceux que nous connaissons, ce serait folie d'af-

(1) I am convinced that any one accustomed to abstraction and analysis, who will fairly exert his faculties for the purpose, will, when his imagination has once learnt to entertain the notion, find no difficulty in conceiving that in some one for instance of the many firmaments into which sidereal astronomy now divides the universe, events may succeed one another at random, without any fixed law; nor can anything in our experience, or in our mental nature, constitute a sufficient, or indeed any reason for believing that this is nowhere the case. The grounds, therefore, which warrant us in rejecting such a supposition with respect to any of the phenomena of which we have experience, must be sought elsewhere than in any supposed necessity of our intellectual faculties.

firmer hardiment le règne de cette loi générale, comme ce serait folie d'affirmer pour là-bas le règne des lois spéciales qui se maintiennent universellement exactes sur notre planète (1). » Nous sommes donc chassés irrévocablement de l'infini; nos facultés et nos assertions n'y peuvent rien atteindre; nous restons confinés dans un tout petit cercle; notre esprit ne porte pas au delà de son expérience; nous ne pouvons établir entre les faits aucune liaison universelle et nécessaire; peut-être même n'existe-t-il en-

(1) In distant parts of the stellar regions, where the phenomena may be entirely unlike those with which we are acquainted, it would be folly to affirm confidently that this general law prevails, any more than those special ones which we have found to hold universally on our own planet. The uniformity in the succession of events, otherwise called the law of causation, must be received not as a law of the universe, but of that portion of it only which is within the range of our means of sure observation, with a reasonable degree of extension to adjacent cases. To extend it further is to make a supposition without evidence, and to which, in the absence of any ground from experience for estimating its degree of probability, it would be idle to attempt to assign any.

tre les faits aucune liaison universelle et nécessaire. Mill s'arrête là; mais certainement, en menant son idée jusqu'au bout, on arriverait à considérer le monde comme un simple monceau de faits. Nulle nécessité intérieure ne produirait leur liaison ni leur existence. Ils seraient de pures données, c'est-à-dire des accidents. Quelquefois, comme dans notre système, ils se trouveraient assemblés de façon à amener des retours réguliers; quelquefois ils seraient assemblés de manière à n'en pas amener du tout. Le hasard, comme chez Démocrite, serait au cœur des choses. Les lois en dériveraient, et n'en dériveraient que çà et là. Il en serait des êtres comme des nombres, comme des fractions par exemple, qui, selon le hasard des deux facteurs primitifs, tantôt s'étalent, tantôt ne s'étalent pas en périodes régulières. Voilà sans doute une conception originale et haute. Elle est la dernière conséquence de l'idée primitive et dominante que nous avons démêlée au commencement du système, qui a transformé les théories de la définition, de la proposition et du syllogisme; qui a réduit les axiomes à des vérités d'expérience ; qui a développé et perfectionné la théorie de l'induction ; qui a établi le but, les bornes, les provinces, et les méthodes de la science ; qui dans la nature et dans la science a partout supprimé les liaisons intérieures ; qui a remplacé le nécessaire par l'accidentel, la cause par l'antécédent, et qui consiste à prétendre que toute assertion utile a pour effet de former un couple, c'est-à-dire de joindre deux faits qui, par leur nature, sont séparés.

§ II.

L'ABSTRACTION

I

— Un abîme de hasard et un abîme d'ignorance. La perspective est sombre ; il n'importe, si elle est vraie. A tout le moins, cette théorie de la science est celle de la science anglaise. Rarement, je vous l'accorde, un penseur a mieux résumé par sa doctrine la pratique de son pays ; rarement un homme a mieux représenté par ses négations et ses découvertes les limites et la portée de sa race. Les procédés dont celui-ci compose la science sont ceux où vous excellez par-dessus tous les autres, et les procédés qu'il exclut de la science sont ceux qui vous manquent plus qu'à personne. Il a décrit l'esprit anglais en croyant décrire l'esprit humain. C'est là sa gloire, mais c'est aussi là sa faiblesse. Il y a dans votre idée de la connaissance une lacune qui, incessamment ajoutée à elle-même, finit par creuser ce gouffre de hasard du fond duquel, selon lui, les choses naissent, et ce gouffre d'ignorance au bord duquel, selon lui, notre science doit s'arrêter. Et voyez ce qui en advient. En retranchant de la science la connaissance des premières causes, c'est-à-dire des choses divines, vous réduisez l'homme à devenir sceptique, positif, utilitaire, s'il a l'esprit sec, ou bien mystique, exalté, méthodiste, s'il a l'imagination vive. Dans ce grand vide inconnu que vous placez au delà de notre petit monde, les gens à tête chaude ou à conscience triste peuvent loger tous leurs rêves, et les hommes à jugement froid, désespérant d'y rien atteindre, n'ont plus qu'à se rabattre dans la recherche des recettes pratiques qui peuvent améliorer notre condition. Il me semble que le plus souvent ces deux dispositions se rencontrent dans une tête anglaise. L'esprit religieux et l'esprit positif y vivent côte à côte et séparés. Cela fait un mélange bizarre, et j'avoue que j'aime mieux la manière dont les Allemands ont concilié la science et la foi.

— Mais leur philosophie n'est qu'une poésie mal écrite. — Peut-être. — Mais ce qu'ils appellent raison ou intuition des principes n'est que la puissance de bâtir des hypothèses. — Peut-être. — Mais les systèmes qu'ils ont arrangés n'ont pas tenu devant l'expérience. — Je vous abandonne leur œuvre. — Mais leur absolu, leur sujet, leur objet et le reste ne sont que de grands mots. — Je vous abandonne leur style. — Alors que gardez-vous? — Leur idée de la cause. — Vous croyez, comme eux, qu'on découvre les causes par une révélation de la raison? — Point du tout. — Vous croyez comme nous qu'on découvre les causes par la simple expérience? — Pas davantage. — Vous pensez qu'il y a une faculté autre que l'expérience et la raison propre à découvrir les causes? — Oui.

—Vous croyez qu'il y a une opération moyenne, située entre l'illumination et l'observation, capable d'atteindre des principes comme on l'assure de la première, capable d'atteindre des vérités comme on l'éprouve pour la seconde? — Oui. — Laquelle? — L'abstraction. Reprenons votre idée primitive; je tâcherai de dire en quoi je la trouve incomplète, et en quoi il me semble que vous mutilez l'esprit humain. Seulement il faudra que vous m'accordiez de l'espace; ce sera tout un plaidoyer

II

Votre point de départ est bon : en effet, l'homme ne connaît point les substances ; il ne connaît ni l'esprit ni le corps ; il n'aperçoit que ses états intérieurs tout passagers et isolés ; il s'en sert pour affirmer et désigner des états extérieurs, positions, mouvements, changements, et ne s'en sert pas pour autre chose. Il n'atteint que des faits, soit au dedans, soit au dehors, tantôt caducs, quand son impression ne se répète pas, tantôt permanents, quand son impression, maintes fois répétée, lui fait supposer qu'elle sera répétée toutes les fois qu'il voudra l'avoir. Il ne saisit que des couleurs, des sons, des résistances, des mouvements, tantôt momentanés et variables, tantôt semblables à eux-mêmes et renouvelés. Il ne suppose des qualités et propriétés que par un artifice de langage, et pour grouper plus commodément des faits. Nous allons même plus loin que vous : nous pensons qu'il n'y a ni esprits ni corps, mais simplement des groupes de mouvements présents ou possibles, et des groupes de pensées présentes ou possibles. Nous croyons qu'il n'y a point de substances, mais seulement des systèmes de faits. Nous regardons l'idée de substance comme une illusion psychologique. Nous considérons la substance, la force et tous les êtres métaphysiques des modernes comme un reste des entités scolastiques. Nous pensons qu'il n'y a rien au monde que des faits et des lois, c'est-à-dire des événements et leurs rapports, et nous reconnaissons comme vous que toute connaissance consiste d'abord à lier ou à additionner des faits. Mais cela terminé, une nouvelle opération commence, la plus féconde de toutes, et qui consiste à décomposer ces données complexes en données simples. Une faculté magnifique apparaît, source du langage, interprète de la nature, mère des religions et des philosophies, seule distinction véritable, qui, selon son degré, sépare l'homme de la brute, et les grands hommes des petits : je veux dire l'*abstraction*, qui est le pouvoir d'isoler les éléments des faits et de les considérer à part. Mes yeux suivent le contour d'un carré, et l'abstraction en isole les deux propriétés constitutives, l'égalité des côtés et des angles. Mes doigts touchent la surface d'un cylindre, et l'abstraction en isole les deux éléments générateurs, la notion de rectangle et la révolution de ce rectangle autour d'un de ses côtés pris comme axe. Cent mille expériences me développent par une infinité de détails la série des opérations physiologiques qui font la vie, et l'abstraction isole la direction de cette série, qui est un circuit de déperdition constante et de réparation continue.

Douze cents pages m'ont exposé le jugement de Mill sur les diverses parties de la science, et l'abstraction isole son idée fondamentale, à savoir, que les seules propositions fructueuses sont celles qui joignent un fait à un fait non contenu dans le premier. Partout ailleurs il en est de même. Toujours un fait ou une série de faits peut être résolu en ses composants. C'est cette décomposition que l'on réclame lorsqu'on demande quelle est la nature d'un objet. Ce sont ces composants que l'on cherche lorsqu'on veut pénétrer dans l'intérieur d'un être. Ce sont eux que l'on désigne sous les noms de forces, causes, lois, essences, propriétés primitives. Ils ne sont pas un nouveau fait ajouté aux premiers; ils en sont une portion, un extrait : ils sont contenus en eux, ils ne sont autre chose que les faits eux-mêmes. On ne passe pas, en les découvrant, d'une donnée à une donnée différente, mais de la même à la même, du tout à la partie, du composé aux composants. On ne fait que voir la même chose sous deux formes, d'abord entière, puis divisée; on ne fait que traduire la même idée d'un langage en un autre, du langage sensible en langage abstrait, comme on traduit une courbe en une équation, comme on exprime un cube par une fonction de son côté. Que cette traduction soit difficile ou non, peu importe; qu'il faille souvent l'accumulation ou la comparaison d'un nombre énorme de faits pour y atteindre, et que maintes fois notre esprit succombe avant d'y arriver, peu importe encore. Toujours est-il que dans cette opération, qui est évidemment fructueuse, au lieu d'aller d'un fait à un autre fait, on va du même au même; au lieu d'ajouter une expérience à une expérience, on met à part quelque portion de la première; au lieu d'avancer, on s'arrête pour creuser en place. Il y a donc des jugements qui sont instructifs, et qui cependant ne sont pas des expériences; il y a donc des propositions qui concernent l'essence, et qui cependant ne sont pas verbales; il y a donc une opération différente de l'expérience, qui agit par retranchement au lieu d'agir par addition, qui, au lieu d'acquérir, s'applique aux données acquises, et qui par delà l'observation, ouvrant aux sciences une carrière nouvelle, définit leur nature, détermine leur marche, complète leurs ressources et marque leur but.

Voilà la grande omission du système : l'abstraction y est laissée sur l'arrière-plan, à peine mentionnée, recouverte par les autres opérations de l'esprit, traitée comme un appendice des expériences; nous n'avons qu'à la rétablir dans la théorie générale pour reformer les théories particulières où elle a manqué.

III

D'abord la définition. Il n'y a pas, dit Mill, de définition des choses, et quand on me définit la sphère le solide engendré par la révolution d'un demi-cercle autour de son diamètre, on ne me définit qu'un nom. Sans doute on vous apprend par là le sens d'un nom, mais on vous apprend encore bien autre chose. On vous annonce que toutes les propriétés de toute sphère dérivent de cette formule génératrice. On réduit une donnée infiniment complexe à deux éléments. On transforme la donnée sensible en données abstraites; on exprime l'essence de la sphère, c'est-à-dire la cause intérieure et primordiale de toutes ses propriétés. Voilà la nature de toute vraie définition ; elle ne se contente pas d'expliquer un nom, elle n'est pas un simple signalement ; elle n'indique pas simplement une propriété distinctive, elle ne se borne pas à coller sur l'objet une étiquette propre à le faire reconnaître entre tous. Il y a en dehors de la définition plusieurs façons de faire reconnaître l'objet ; il y a telle autre propriété qui n'appartient qu'à lui ; on pourrait désigner la sphère en disant que, de tous les corps, elle est celui qui, à surface égale, occupe le plus d'espace, et autrement encore. Seulement ces désignations ne sont pas des définitions ; elles exposent une propriété caractéristique et dérivée, non une propriété génératrice et première ; elles ne ramènent pas la chose à ses facteurs, elles ne la recréent pas sous nos yeux, elles ne montrent pas sa nature intime et ses éléments irréductibles. La définition est la proposition qui marque dans un objet la qualité d'où dérivent les autres, et qui ne dérive point d'une autre qualité. Ce n'est point là une proposition verbale, car elle vous enseigne la qualité d'une chose. Ce n'est point là l'affirmation d'une qualité ordinaire, car elle vous révèle la qualité qui est la source du reste. C'est une assertion d'une espèce extraordinaire, la plus féconde et la plus précieuse de toutes, qui résume toute une science, et en qui toute science aspire à se résumer. Il y a une définition dans chaque science; il y en a une pour chaque objet. Nous ne la possédons pas partout, mais nous la cherchons partout. Nous sommes parvenus à définir le mouvement des planètes par la force tangentielle et l'attraction qui le composent; nous définissons déjà en partie le corps chimique par la notion d'équivalent, et le corps vivant par la notion de type. Nous travaillons à transformer chaque groupe de phénomènes en quelques lois, forces ou notions abstraites. Nous nous efforçons d'atteindre en chaque objet les éléments générateurs, comme nous les atteignons dans la sphère, dans le cylindre, dans le cercle, dans le cône, et dans tous les composés mathématiques. Nous réduisons les corps naturels à deux ou trois sortes de mouvements, attraction, vibration, polarisation, comme nous réduisons les corps géométriques à deux ou trois sortes d'éléments, le point, le mouvement, la ligne, et nous jugeons notre science partielle ou complète, provisoire ou définitive, suivant que cette réduction est approximative ou absolue, imparfaite ou achevée.

IV

Même changement dans la théorie de la preuve. Selon Mill, on ne prouve pas que le prince Albert mourra en posant que tous les hommes sont mortels, car ce serait dire deux fois la même chose, mais en posant que Jean, Pierre et compagnie, bref tous les hommes dont nous avons entendu parler, sont morts. — Je réponds que la vraie preuve n'est ni dans la mortalité de Jean, Pierre et compagnie, ni dans la mortalité de tous les hommes, mais ailleurs. On prouve un fait, dit Aristote (1), en montrant sa cause. On prouvera donc la mortalité du prince Albert en montrant la cause qui fait qu'il mourra. Et pourquoi mourra-t-il, sinon parce que le corps humain, étant un composé chimique instable, doit se dissoudre au bout d'un temps; en d'autres termes, parce que la mortalité est jointe à la qualité d'homme? Voilà la cause et voilà la preuve. C'est cette loi abstraite qui, présente dans la nature, amènera la mort du prince, et qui, présente dans mon esprit, me montre la mort du prince. C'est cette proposition abstraite qui est probante; ce n'est ni la proposition particulière, ni la proposition générale. Elle est si bien la preuve qu'elle prouve les deux autres. Si Jean, Pierre et compagnie sont morts, c'est parce que la mortalité est jointe à la qualité d'homme. Si tous les hommes sont morts ou mourront, c'est encore parce que la mortalité est jointe à la qualité d'homme. Ici,

(1) Voyez les seconds analytiques, si supérieurs aux premiers : δι' αἰτίων καὶ προτέρων.

une fois de plus, le rôle de l'abstraction a été oublié. Mill l'a confondue avec les expériences; il n'a pas distingué la preuve et les matériaux de la preuve, la loi abstraite et le nombre fini ou indéfini de ses applications. Les applications contiennent la loi et la preuve, mais elles ne sont ni la loi ni la preuve. Les exemples de Pierre, Jean et des autres contiennent la cause, mais ils ne sont pas la cause. Ce ne n'est pas assez d'additionner les cas, il faut en retirer la loi. Ce n'est pas assez d'expérimenter, il faut abstraire. Voilà la grande opération scientifique. Le syllogisme ne va pas du particulier au particulier, comme dit Mill, ni du général au particulier, comme disent les logiciens ordinaires, mais de l'abstrait au concret, c'est-à-dire de la cause à l'effet. C'est à ce titre qu'il fait partie de la science; il en fait et il en marque tous les chaînons; il relie les principes aux effets; il fait communiquer les définitions avec les phénomènes. Il porte sur toute l'échelle de la science l'abstraction que la définition a portée au sommet.

V

La même opération explique aussi les axiomes. Selon Mill, si nous savons que des grandeurs égales ajoutées à des grandeurs égales font des sommes égales, ou que deux droites ne peuvent enclore un espace, c'est par une expérience extérieure faite avec nos yeux, ou par une expérience intérieure faite avec notre imagination. Sans doute on peut savoir ainsi que deux droites ne sauraient enclore un espace, mais on peut le savoir encore d'une autre façon. On peut se représenter une droite par l'imagination, et l'on peut la concevoir aussi par la raison. On peut considérer son image ou sa définition. On peut l'étudier en elle-même ou dans les éléments générateurs. Je puis me représenter une droite toute faite, mais je puis aussi la résoudre en ses facteurs. Je puis assister à sa formation, et dégager les éléments abstraits qui l'engendrent, comme j'ai assisté à la formation du cylindre et dégagé le rectangle en révolution qui l'a engendré. Je puis dire non pas que la ligne droite est la plus courte d'un point à un autre, ce qui est une propriété dérivée, mais qu'elle est la ligne formée par le mouvement d'un point qui tend à se rapprocher d'un autre, et de cet autre seulement; ce qui revient à dire que deux points suffisent à déterminer une droite, en d'autres termes que deux droites ayant deux points communs coïncident dans toute leur étendue intermédiaire; d'où l'on voit que si deux droites enfermaient un espace, elles ne feraient qu'une droite et n'enfermeraient rien du tout. Voilà une seconde manière de connaître l'axiome, et il est clair qu'elle diffère beaucoup de la première. Dans la première, on le constate; dans la seconde, on le déduit. Dans la première, on éprouve qu'il est vrai; dans la seconde, on prouve qu'il est vrai. Dans la première, on l'admet; dans la seconde, on l'explique. Dans la première, on remarquait seulement que le contraire de l'axiome est inconcevable; dans la seconde, on découvre en plus que le contraire de l'axiome est contradictoire. Étant donné la définition de la ligne droite, l'axiome que deux droites ne peuvent enclore un espace s'y trouve compris; il en dérive comme une conséquence de son principe. En somme, il n'est qu'une proposition identique, ce qui veut dire que son sujet contient son attribut; il ne joint pas deux termes séparés, irréductibles l'un à l'autre : il unit deux termes dont le second est une portion du premier. Il est une simple analyse. Et tous les axiomes sont ainsi. Il suffit de les décomposer pour apercevoir qu'ils vont non d'un objet à un objet différent, mais du même au même. Il suffit de résoudre les notions d'égalité, de cause, de substance, de temps et d'espace en leurs abstraits, pour démontrer les axiomes d'égalité, de substance, de cause, de temps et d'espace. Il n'y a qu'un axiome, celui d'identité. Les autres ne sont que ses applications ou ses suites. Cela admis, on voit à l'instant que la portée de notre esprit se trouve changée. Nous ne sommes plus simplement capables de connaissances relatives et bornées : nous sommes capables aussi de connaissances absolues et infinies ; nous possédons dans les axiomes des données qui non-seulement s'accompagnent l'une l'autre, mais encore dont l'une enferme l'autre. Si, comme dit Mill, elles ne faisaient que s'accompagner, nous serions forcés de conclure, comme Mill, que peut-être elles ne s'accompagnent pas toujours. Nous ne verrions point la nécessité intérieure de leur jonction, nous ne la poserions qu'en fait ; nous dirions que les deux données étant de leur nature isolées, il peut se rencontrer des circonstances qui les séparent ; nous n'affirmerions la vérité des axiomes qu'au regard de notre monde et de notre esprit. Si au contraire les deux données sont telles que la première enferme la seconde, nous établissons par cela même la nécessité de leur jonction : partout où sera la première, elle emportera la seconde, puisque la seconde est une partie d'elle-même, et qu'elle ne peut pas se séparer de soi. Il n'y a point de place entre elles deux pour une circonstance qui vienne les disjoindre, car elles ne font qu'une seule chose sous deux aspects. Leur liaison est donc absolue et universelle, et nous possédons des vérités qui ne souffrent ni doute, ni limites, ni conditions, ni restrictions. L'abstraction rend aux axiomes leur valeur en montrant leur origine, et nous restituons à la science la portée qu'on lui ôte en restituant à l'esprit la faculté qu'on lui ôtait.

VI

Reste l'induction, qui semble le triomphe de la pure expérience. Et c'est justement l'induction qui est le triomphe de l'abstraction. Lorsque je découvre par induction que le froid cause la rosée, ou que le passage de l'état liquide à l'état solide produit la cristallisation, j'établis un rapport entre deux abstraits. Ni le froid, ni la rosée, ni le passage de l'état solide à l'état liquide, ni la cristallisation n'existent en soi. Ce sont des portions de phénomènes, des extraits de cas complexes, des éléments simples enfermés dans des ensembles plus composés. Je les en retire et je les isole; j'isole la rosée prise en général de toutes les rosées locales, temporaires, particulières, que je puis observer; j'isole le froid pris en général de tous les froids spéciaux, variés, distincts, qui peuvent se produire parmi toutes les différences de texture, toutes les diversités de substance, toutes les inégalités de température, toutes les complications de circonstances. Je joins un antécédent abstrait à un conséquent abstrait, et je les joins, comme le montre Mill lui-même, par des retranchements, des suppressions, des éliminations. J'expulse des deux groupes qui les contiennent toutes les circonstances adjacentes; je démêle le couple dans l'entourage qui l'offusque ; je détache, par une série de comparaisons et d'expériences, tous les accidents parasites qui se sont collés à lui, et je finis ainsi par le mettre à nu. J'ai l'air de considérer vingt cas différents, et dans le fond je n'en considère qu'un seul; j'ai l'air de procéder par addition, et en somme je n'opère que par soustraction. Tous les procédés de l'induction sont donc des moyens d'abstraire, et toutes les œuvres de l'induction sont donc des liaisons d'abstraits.

VII

Nous voyons maintenant les deux grands moments de la science et les deux grandes apparences de la nature. Il y a deux opérations, l'expérience et l'abstraction ; il y a deux royaumes, celui des faits complexes et celui des éléments simples. Le premier est l'effet, le second la cause. Le premier est contenu dans le second et s'en déduit, comme une conséquence de son principe. Tous deux s'équivalent ; ils sont une seule chose considérée sous deux aspects. Ce magnifique monde mouvant, ce chaos tumultueux d'événements entrecroisés, cette vie incessante infiniment variée et multiple, se réduisent à quelques éléments et à leurs rapports. Tout notre effort consiste à passer de l'un à l'autre, du complexe au simple, des faits aux lois, des expériences aux formules. Et la raison en est visible; car ce fait que j'aperçois par les sens ou la conscience n'est qu'une tranche arbitraire que mes sens ou ma conscience découpent dans la trame infinie et continue de l'être. S'ils étaient construits autrement, ils en intercepteraient une autre; c'est le hasard de leur structure qui a déterminé celle-là. Ils sont comme un compas ouvert, qui pourrait l'être moins, et qui pourrait l'être davantage. Le cercle qu'ils décrivent n'est pas naturel, mais artificiel. Il l'est si bien, qu'il l'est en deux manières, à l'extérieur et à l'intérieur. Car, lorsque je constate un événement, je l'isole artificiellement de son entourage naturel, et je le compose artificiellement d'éléments qui ne font point un assemblage naturel. Quand je vois une pierre qui tombe, je sépare la chute des circonstances antérieures qui réellement lui sont jointes, et je mets ensemble la chute, la forme, la structure, la couleur, le son, et vingt autres circonstances qui réellement ne sont point liées. Un fait est donc un amas arbitraire, en même temps qu'une coupure arbitraire, c'est-à-dire un groupe factice, qui sépare ce qui est uni, et unit ce qui est séparé (1). Ainsi, tant que nous ne regardons la nature que par l'observation seule, nous ne la voyons pas telle qu'elle est : nous n'avons d'elle qu'une idée provisoire et illusoire. Elle est proprement une tapisserie que nous n'apercevons qu'à l'envers. Voilà pourquoi nous tâchons de la retourner. Nous nous efforçons de démêler des lois, c'est-à-dire des groupes naturels, qui soient effectivement distincts de leur entourage et qui soient composés d'éléments effectivement unis. Nous découvrons des couples, c'est-à-dire des composés réels et des liaisons réelles. Nous passons de l'accidentel au nécessaire, du relatif à l'absolu, de l'apparence à

(1) « Un fait, me disait un physicien éminent, est une superposition de lois. »

la vérité ; et, ces premiers couples trouvés, nous pratiquons sur eux la même opération que sur les faits, car, à un moindre degré, ils ont la même natnre. Quoique plus abstraits, ils sont encore complexes. Ils peuvent être décomposés et expliqués. Ils ont une raison d'être. Il y a quelque cause qui les construit et les unit. Il y a lieu pour eux, comme pour les faits, de chercher les éléments générateurs en qui ils peuvent se résoudre et de qui ils peuvent se déduire, et l'opération doit continuer jusqu'à ce qu'on soit arrivé à des éléments tout à fait simples, c'est-à-dire tels que leur décomposition soit contradictoire. Que nous puissions les trouver ou non, ils existent ; l'axiome des causes serait démenti, s'ils manquaient. Il y a donc des éléments indécomposables, desquels dérivent les lois les plus générales, et de celles-ci les lois particulières, et de ces lois les faits que nous observons, ainsi qu'il y a en géométrie deux ou trois notions primitives, desquelles dérivent les propriétés des lignes, et de celles-ci les propriétés des surfaces, des solides et des formes innombrables que la nature peut effectuer ou l'esprit imaginer. Nous pouvons maintenant comprendre la vertu et le sens de cet axiome des causes qui régit toutes choses, et que Mill a mutilé. Il y a une force intérieure et contraignante qui suscite tout événement, qui lie tout composé, qui engendre toute donnée. Cela signifie, d'une part, qu'il y a une raison à toute chose, que tout fait a sa loi; que tout composé se réduit en simples; que tout produit implique des facteurs; que toute qualité et toute existence doivent se déduire de quelque terme supérieur et antérieur. Et cela signifie, d'autre part, que le produit équivaut aux facteurs, que tous deux ne sont qu'une même chose sous deux apparences; que la cause ne diffère pas de l'effet; que les puissances génératrices ne sont que les propriétés élémentaires; que la force active par laquelle nous figurons la nature n'est que la nécessité logique qui transforme l'un dans l'autre le composé et le simple, le fait et la loi. Par là nous désignons d'avance le terme de toute science, et nous tenons la puissante formule qui, établissant la liaison invincible et la production spontanée des êtres, pose dans la nature le ressort de la nature, en même temps qu'elle enfonce et serre au cœur de toute chose vivante les tenailles d'acier de la nécessité.

VIII

Pouvons-nous connaître ces éléments premiers? Pour mon compte, je le pense, et la raison en est qu'étant des abstraits, ils ne sont pas situés en dehors des faits, mais compris en eux, en telle sorte qu'il n'y a qu'à les en retirer. Bien plus, étant les plus abstraits, c'est-à-dire les plus généraux de tous, il n'y a pas de faits qui ne les comprennent et dont on ne puisse les extraire. Si limitée que soit notre expérience, nous pouvons donc les atteindre, et c'est d'après cette remarque que les modernes métaphysiciens d'Allemagne ont tenté leurs grandes constructions. Ils ont compris qu'il y a des notions simples, c'est-à-dire des abstraits indécomposables, que leurs combinaisons engendrent le reste, et que les règles de leurs unions ou de leurs contrariétés mutuelles sont les lois premières de l'univers. Ils ont essayé de les atteindre et de retrouver par la pensée pure le monde tel que l'observation nous l'a montré. Ils ont échoué à demi, et leur gigantesque bâtisse, toute factice et fragile, pend en ruine, semblable à ces échafaudages provisoires qui ne servent qu'à marquer le plan d'un édifice futur. C'est qu'avec un sens profond de notre puissance, ils n'ont point eu la vue exacte de nos limites. Car nous sommes débordés de tous côtés par l'infinité du temps et de l'espace ; nous nous trouvons jetés dans ce monstrueux univers comme un coquillage au bord d'une grève, ou comme une fourmi au pied d'un talus. En ceci, Mill dit vrai ; le hasard se rencontre au terme de toutes nos connaissances comme au commencement de toutes nos données : nous avons beau faire, nous ne pouvons que remonter, et par conjecture encore, jusqu'à un état initial ; mais cet état dépend d'un précédent, qui dépend d'un autre, et ainsi de suite, en sorte que nous sommes obligés de l'accepter comme une pure donnée, et de renoncer à le déduire, quoique nous sachions qu'il doive être déduit. Il en est ainsi dans toutes les sciences, en géologie, en histoire naturelle, en physique, en chimie, en psychologie, en histoire, et l'accident primitif étend ses effets dans toutes les parties de la sphère où il est compris. S'il avait été différent, nous n'aurions ni les mêmes planètes, ni les mêmes espèces chimiques, ni les mêmes végétaux, ni les mêmes animaux, ni les mêmes races d'hommes, ni peut-être aucune de ces sortes d'êtres. Si la fourmi était portée dans une autre contrée, elle ne verrait ni les mêmes arbres, ni les mêmes insectes, ni la même disposition du sol, ni les mêmes révolutions de l'air, ni peut-être aucune de ces formes de l'être. Il y a donc en tout fait et en tout objet une portion accidentelle et locale, portion énorme, qui, comme le reste, dépend des lois primitives, mais n'en dépend qu'à travers un circuit infini de contre-coups, en sorte qu'entre elle et les lois primitives il y a une lacune infinie qu'une série infinie de déductions pourrait seule combler.

Voilà la portion inexplicable des phénomènes, et voilà ce que les métaphysiciens d'outre-Rhin ont tenté d'expliquer. Ils ont voulu déduire de leurs théorèmes élémentaires la forme du système planétaire, les diverses lois de la physique et de la chimie, les principaux types de la vie, la succession des civilisations et des pensées humaines. Ils ont torturé leurs formules universelles pour en tirer des cas tout particuliers ; ils ont pris des suites indirectes et lointaines pour des suites directes et prochaines ; ils ont omis ou supprimé le grand jeu qui s'interpose entre les premières lois et les dernières conséquences ; ils ont écarté de leurs fondements le hasard, comme une assise indigne de la science, et ce vide qu'ils laissaient, mal rempli par des matériaux postiches, a fait écrouler tout le bâtiment.

Est-ce à dire que dans les données que ce petit canton de l'univers nous fournit, tout soit local? En aucune façon. Si la fourmi était capable d'expérimenter, elle pourrait atteindre l'idée d'une loi physique, d'une forme vivante, d'une sensation représentative, d'une pensée abstraite; car un pied de terre sur lequel se trouve un cerveau qui pense renferme tout cela; donc, si limité que soit le champ d'un esprit, il contient des données générales, c'est-à-dire répandues sur des territoires extérieurs fort vastes, où sa limitation l'empêche de pénétrer. Si la fourmi était capable de raisonner, elle pourrait construire l'arithmétique, l'algèbre, la géométrie, la mécanique; car un mouvement d'un demi-pouce contient dans son raccourci le temps, l'espace, le nombre et la force, tous les matériaux des mathématiques : donc, si limité que soit le champ d'un esprit, il renferme des données universelles, c'est-à-dire répandues sur tout le territoire du temps et de l'espace. Si la fourmi était philosophe, elle pourrait démêler les idées de l'être, du néant, et tous les matériaux de la métaphysique ; car un phénomène quelconque, intérieur ou extérieur, suffit pour les présenter ; donc, si limité que soit le champ d'un esprit, il contient des données absolues, c'est-à-dire telles qu'il n'y a nul objet où elles puissent manquer. Et il faut bien qu'il en soit ainsi ; car à mesure qu'une donnée est plus générale, il faut parcourir moins de faits pour la rencontrer : si elle est universelle, on la rencontre partout ; si elle est absolue, on ne peut pas ne pas la rencontrer. C'est pourquoi, malgré l'étroitesse de notre expérience, la métaphysique, j'entends la recherche des premières causes, est possible, à la condition que l'on reste à une grande hauteur, que l'on ne descende point dans le détail, que l'on considère seulement les éléments les plus simples de l'être et les tendances les plus générales de la nature. Si quelqu'un recueillait les trois ou quatre grandes idées où aboutissent nos sciences, et les trois ou quatre genres d'existence qui résument notre univers ; s'il comparait ces deux étranges quantités qu'on nomme la durée et l'étendue, ces principales formes ou détermination de la quantité qu'on appelle les lois physiques, les types chimiques et les espèces vivantes, et cette merveilleuse puissance représentative qui est l'esprit, et qui, sans tomber dans la quantité, reproduit les deux autres et elle-même ; s'il découvrait, entre ces trois termes, la quantité pure, la quantité déterminée et la quantité supprimée (1), un ordre tel que la première appelât la seconde, et la seconde la troisième ; s'il établissait ainsi que la quantité pure est le commencement nécessaire de la nature, et que la pensée est le terme extrême auquel la nature est tout entière suspendue ; si ensuite, isolant les éléments de ces données, il montrait qu'ils doivent se combiner comme ils sont combinés, et non au-

(1) Die aufgehobene quantitat.

trement; s'il prouvait enfin qu'il n'y a point d'autres d'éléments, et qu'il ne peut y en avoir d'autres, il aurait esquissé une métaphysique sans empiéter sur les sciences positives, et touché la source sans être obligé de descendre jusqu'au terme de tous les ruisseaux.

A mon avis, ces deux grandes opérations, l'expérience telle que vous l'avez décrite et l'abstraction telle que j'ai essayé de la définir, font à elles deux toutes les ressources de l'esprit humain. L'une est la direction pratique, l'autre la direction spéculative. La première conduit à considérer la nature comme une rencontre de faits, la seconde comme un système de lois : employée seule, la première est anglaise; employée seule, la seconde est allemande. S'il y a une place entre les deux nations, c'est la nôtre. Nous avons élargi les idées anglaises au XVIIIe siècle; nous pouvons, au XIXe siècle, préciser les idées allemandes. Notre affaire est de tempérer, de corriger, de compléter les deux esprits l'un par l'autre, de les fondre en un seul, de les exprimer dans un style que tout le monde entende, et d'en faire ainsi l'esprit universel.

IX

Nous sortîmes. Comme il arrive toujours en pareil cas, chacun des deux avait fait réfléchir l'autre, et aucun des deux n'avait persuadé l'autre ; mais ces réflexions furent courtes : devant une belle matinée d'août, tous les raisonnements tombent. Les vieux murs, les pierres rongées par la pluie souriaient au soleil levant. Une lumière jeune se posait sur les dentelures des murailles, sur les festons des arcades, sur le feuillage éclatant des lierres. Les roses grimpantes, les chèvrefeuilles montaient le long des meneaux, et leurs corolles tremblaient et luisaient au souffle léger de l'air. Les jets d'eau murmuraient dans les grandes cours silencieuses. La charmante ville sortait de la brume matinale aussi parée et aussi tranquille qu'un palais de fées, et sa robe de molle vapeur rose, semblable à une jupe ouvragée de la renaissance, était bossuée par une broderie de clochers, de cloîtres et de palais, chacun encadré dans sa verdure et dans ses fleurs. Les architectures de tous les âges mêlaient leurs ogives et leurs trèfles, leurs statues et leurs colonnes ; le temps avait fondu leurs teintes ; le soleil les unissait dans sa lumière, et la vieille cité semblait un écrin où tous les siècles et tous les génies avaient pris soin tour à tour d'apporter et de ciseler leur joyau. Au dehors, la rivière coulait à pleins bords en larges nappes d'argent reluisantes. Les prairies regorgeaient de hautes herbes, les faucheurs y entraient jusqu'au-dessus du genou. Les boutons-d'or, les reines-des-prés par myriades, les graminées penchées sous le poids de leur tête grisâtre, les plantes abreuvées par la rosée de la nuit, avaient pullulé dans la riche terre plantureuse. Il n'y a point de mot pour exprimer cette fraîcheur de teintes et cette abondance de séve. A mesure que la grande ligne d'ombre reculait, les fleurs apparaissaient au jour brillantes et vivantes. A les voir virginales et timides dans ce voile doré, on pensait aux joues empourprées, aux beaux yeux modestes d'une jeune fille qui pour la première fois met son collier de pierreries. Autour d'elles comme pour les garder, des arbres énormes, vieux de quatre siècles, allongeaient leurs files régulières ; et j'y trouvais une nouvelle trace de ce bon sens pratique qui a accompli des révolutions sans commettre de ravages, qui, en améliorant tout, n'a rien renversé ; qui a conservé ses arbres comme sa constitution, qui a élagué les vieilles branches sans abattre le tronc ; qui seul aujourd'hui, entre tous les peuples, jouit non-seulement du présent, mais du passé.

FIN.

TABLE DES MATIÈRES

Préface.. v

I. La philosophie en Angleterre. — Organisation de la science positive. — Absence des idées générales........................... 3

II. Pourquoi la métaphysique manque. — Autorité de la religion........................... 5

III. Indices et éclats de la pensée libre. — L'exégèse nouvelle. — Stuart Mill. — Ses œuvres. — Son genre d'esprit. — A quelle famille de philosophes il appartient. — Valeur des spéculations supérieures dans la civilisation humaine. 8

§ I. — EXPOSITION.

I. Objet de la logique. — En quoi elle se distingue de la psychologie et de la métaphysique 15

II. Ce que c'est qu'un jugement. — Ce que nous connaissons du monde extérieur et du monde intérieur. — Tout l'effort de la science est d'ajouter ou de lier un fait à un fait 18

III. Théorie de la définition. — En quoi cette théorie est importante. — Réfutation de l'ancienne théorie. — Il n'y a pas de définition des choses, mais des définitions des noms 29

IV. Théorie de la preuve. — Théorie ordinaire. Réfutation. — Quelle est dans un raisonnement la partie probante 40

V. Théorie des axiomes. — Théorie ordinaire. — Réfutation. — Les axiomes ne sont que des expériences d'une certaine classe 48

VI. Théorie de l'induction. — La cause d'un fait n'est que son antécédent invariable. — L'expérience seule prouve la stabilité des lois de la nature. — En quoi consiste une loi. — Par quelles méthodes on découvre les lois. — La méthode des concordances, la méthode des différences, la méthode des résidus, la méthode des variations concomitantes.......................... 55

VII. Exemples et applications. — Théorie de la rosée.............................. 69

VIII. La méthode de déduction. — Son domaine. — Ses procédés.......................... 86

IX. Comparaison de la méthode d'induction et de la méthode de déduction. — Emploi ancien de la première. — Emploi moderne de la seconde. — Sciences qui réclament la première. — Sciences qui réclament la seconde. — Caractère positif de l'œuvre de Mill. — Lignée de ses prédécesseurs 91

X. Limites de notre science. — Il n'est pas certain que tous les événements arrivent selon des lois. — Le hasard dans la nature..... 96

§ II. — DISCUSSION.

I. Concordance de cette doctrine et de l'esprit anglais. — Liaison de l'esprit positif et de l'esprit religieux. — Quelle faculté ouvre le monde des causes........................ 109

II. Qu'il n'y a ni substances ni forces, mais seulement des faits et des lois. — Nature de l'abstraction. — Rôle de l'abstraction dans la science...... 113

III. Théorie de la définition. — Elle est l'exposé des abstraits générateurs............... 119

IV. Théorie de la preuve. — La partie probante du raisonnement est une loi abstraite...... 123

V. Théorie des axiomes. — Les axiomes sont des relations d'abstraits. — Ils se ramènent à l'axiome d'identité.................... 126

VI. Théorie de l'induction. — Ses procédés sont des éliminations ou abstractions.......... 131

VII. Les deux grandes opérations de l'esprit, l'expérience et l'abstraction.—Les deux grandes apparences des choses, les faits sensibles et les lois abstraites. — Pourquoi nous devons passer des premiers aux secondes. — Sens et portée de l'axiome des causes.......... 134

VIII. Il est possible de connaître les éléments premiers. — Erreur de la métaphysique allemande. — Elle a négligé la part du hasard et les perturbations locales. — Ce qu'une fourmi philosophe pourrait savoir. — Idée et limites d'une métaphysique. — Position de la métaphysique chez les trois nations pensantes. — Une matinée à Oxford......... 140

FIN DE LA TABLE DES MATIÈRES.